Barbara Sichtermann
Ingo Rose

Sternstunden verwegener Frauen

Barbara Sichtermann
Ingo Rose

Sternstunden verwegener Frauen

ebersbach & simon

Inhalt

Vorwort

Wer über Gleichberechtigung und Frauenemanzipation nachdenkt, assoziiert Politik und öffentliche Debatte. So sind denn auch im allgemeinen Bewusstsein die Vorkämpferinnen der Frauenbewegung Intellektuelle: Schriftstellerinnen, Philosophinnen, Politikerinnen, Gründerinnen von Zeitschriften und Vereinen oder jene Frauen, die in den schönen Künsten von sich reden machten. Emanzipation erscheint als eine Sache des Geistes. Dass es noch eine ganz andere Gruppe von Frauen gibt, die auf ihre Weise, etwa durch die mutige Tat, durch körperliche Kühnheit oder sportliche Leistung dazu beigetragen haben, das traditionelle Frauenbild in Frage zu stellen – das gerät allzu leicht aus dem Blick. Wir stellen vierzehn Frauen vor, die einen solchen Weg gegangen sind, die der Welt gezeigt haben, dass Frauen mit der Waffe in der Hand kämpfen können, dass sie höchsten sportlichen Anforderungen gewachsen sind, dass sie Kraft, Mut und Ausdauer besitzen. Es soll einmal nicht nur immer um den Kopf gehen beim Entwurf einer neuen weiblichen Identität, sondern auch um den Körper. Es ist nicht entscheidend, ob die wagemutigen Heldinnen bewusst dazu beitragen wollten, allen Frauen neue Wege der Selbstdarstellung zu erschließen. Wichtig ist, dass sie es getan haben: durch ihr Beispiel.

Dazu gehören auch jene Frauen, die im späten 19. Jahrhundert, als die Olympiade neu belebt wurde und dieses ›Fest der Völker‹ das weibliche Geschlecht sehr weitgehend ausschloss, gesagt haben: Nein, wir haben ein Recht, dabei zu sein. Der Sport und der Tanz – auf beiden Bewährungsfeldern haben seinerzeit erstmals Frauen gezeigt, was in ihnen steckt, fallweise gegen mächtige Widerstände. Diese über Körperlichkeit vermittelte Widerrede der Frauen geht weiter bis heute. Gerade erst umrundete die junge Laura Dekker die Welt in einem Segelboot. Ähnlich machte es vor ihr Amelia Earhart in einem Flugzeug – sie umrundete die Welt in der Luft und kam dabei ums Leben. Robyn Davidson lernte mit Kamelen zu leben und sie zu trainieren, bevor sie mit ihnen die australische Wüste durchquerte.

Diese Frauen unternahmen ihre Touren allein, ohne männliche Begleiter; damals wie heute kein selbstverständliches Statement. »Sind Sie denn ganz allein unterwegs?« Das war denn auch immer eine der ersten Fragen, wenn ihnen jemand entgegen kam oder sie einen Zwischenstopp einlegten.

Elly Beinhorn wurde vor allem deshalb berühmt, weil sie allein in ihrer Messerschmitt saß. Und die erste Frau, die alle Achttausender ohne Sauerstoffgerät erklommen hat, die Bergsteigerin Gerlinde Kaltenbrunner, machte einige ihrer Touren allein. Die Rennfahrerin Heidi Hetzer umfährt derzeit mit über siebzig Jahren im Automobil die Welt – allein, einen Beifahrer kann sie schlecht akzeptieren. Die Tennis-Ikone Billie Jean King hat stellvertretend für alle Frauen den ›Kampf der Geschlechter‹ gegen einen Mann gewonnen – und damit auch die Sicht vieler Männer verändert. Anne Bonny und Mary Read waren allein unter Männern – als Piratinnen. Es dauerte eine Weile, bis sie einander erkannten. Ja, auch Frauen brauchen Zeit, bis sie die neue, die verwegen-kampflustige Identität ihres Geschlechtes akzeptieren und sie als Chance für sich selbst nutzen. Dieser Prozess des Sich-Trauens ist historisch jung, er fängt eigentlich erst jetzt für die Mehrheit der Frauen an.

Barbara Sichtermann & Ingo Rose

Amelia Mary Earhart (1897 – 1937)

Der Flug ist das Leben wert

Das Fliegen gewann in den Jahren nach dem Ersten Weltkrieg stark an Bedeutung. Atlantiküberquerer wie Charles Lindbergh und Pioniere der Postfliegerei wie Antoine de Saint-Exupéry beförderten mit ihren abenteuerlichen Unternehmungen den Fortschritt und verbanden Menschen und Kontinente. Für Frauen bedeutete Fliegen noch weitaus mehr. Das Schwimmen auf der Luft eröffnete ihnen vielerlei Möglichkeiten, Selbst- und Fremdbestätigung und das Gefühl von Freiheit, wie es das Erdendasein bislang selten bot. Da wundert es nicht, dass Pilotinnen wie Amelia Mary Earhart oder etwa die zehn Jahre jüngere Marga von Etzdorf gar das Fliegen und die damit verbundene Lebensfreude an die erste Stelle setzen. »Der Flug ist das Leben wert« steht auf dem Grabstein der von Etzdorf, die sich 1933 das Leben nahm, nachdem sie keine Möglichkeit mehr sah, weiterhin zu fliegen. Dieses Leitmotiv könnte auch für Amelia Earhart gelten, der das Fliegen über alles ging. Den Höhepunkt dieser Entwicklung der fliegenden Frauen bildete 1929 das Cleveland Women's Air Derby, besser bekannt als abfällig bezeichnetes ›Puderquastenrennen‹, der weltweit erste Wettbewerb ausschließlich weiblicher Piloten.

»Wie bei einem Staffellauf des Fortschritts hat Amelia Earhart die Fackel lediglich anderen übergeben, die sie zum nächsten Ziel und von dort bis in alle Ewigkeit weitertragen werden.«

Jackie Cochran, Mitgründerin der Ninety Nines

Amelias Eltern waren der deutschstämmige Jurist Samuel Stanton Earhart und Amelia Otis Earhart, eine Frau aus wohlhabendem Haus. Großvater Alfred Otis, Bundesrichter und Bankdirektor, war nicht einverstanden mit der Heirat seiner Tochter, denn er fand, dass Samuel als Anwalt wenig ehrgeizig sei und außerdem ein Alkoholproblem habe. Beides stimmte, die Familie hatte folglich ständig Geldsorgen. Amelia, 1897 in Atchison, Kansas, geboren, war schon immer ein Heißsporn, sie sagte, wo's langging, ihre jüngere Schwester Grace

folgte bereitwillig. Und die Mutter hatte nicht vor, ihre Töchter zu »netten kleinen Mädchen« zu erziehen. 1915 schloss Amelia die High School mit Auszeichnung ab, von 1917 an arbeitete sie als Militärkrankenschwester in Toronto und als Sozialarbeiterin in Boston. 1919 begann sie ein Medizinstudium an der Columbia University in New York, das sie nach einem knappen Jahr abbrach; sie kehrte zu ihren Eltern nach Los Angeles zurück und sammelte Zeitungsartikel über Frauen in Männerberufen. Sie war überzeugt, ein eigenständiges Leben führen zu können. Überhaupt durchzog Earharts Biografie eine seltene Entschlossenheit, soziale, kulturelle und politische Grenzen zu ignorieren und sich über sie hinwegzusetzen.

Ein Erlebnis im Winter 1920 veränderte ihr Leben. Einige Male schon hatte sie auf Flugplätzen die fragil anmutenden Maschinen bestaunt, die sich in Kaliforniens blauen Himmel erhoben. Doch mit der Rolle einer Zuschauerin will sie sich nicht mehr begnügen, sie will selbst fliegen. Als der Vater ihr einen zehnminütigen Flug spendiert, sie aufsteigt und zum ersten Mal die Welt aus der Vogelperspektive sieht – die vielen kleinen Orte, die bald Los Angeles bilden werden, die Wellen des Pazifik, die Berge von Santa Monica, die in der Ferne schimmern –, hat die Ruhelose ihre Bestimmung gefunden: »Sobald wir den Boden verlassen hatten, wusste ich, dass ich fliegen musste.«

Als sie dem Vater ihren Entschluss, Pilotin werden zu wollen, mitteilt, fragt dieser nur lakonisch zurück, wann es denn losgehen solle. Er weiß, dass er einem Entschluss seiner Tochter wenig bis gar nichts entgegensetzen kann. Einmal war die Kleine so tollkühn mit einem Schlitten den Abhang runtergekachelt, dass sie wohl bei einem Zusammenstoß mit einem Pferdeschlitten zumindest schwer verletzt worden wäre, hätte sie sich nicht im letzten Moment geduckt. »Das Draufgängerische hatte mir das Leben gerettet. Wäre ich aufrecht sitzen geblieben, hätten entweder mein Kopf oder die Rippen des Pferdes Schaden genommen. Ich habe es immer genossen, abenteuerliche, unbekannte Dinge zu erleben, Sachen zu machen, die neu für mich waren. Es ist ein Verlangen, das ich schon so lange habe, wie ich mich erinnern kann. Ob es ›sich gehörte‹, so etwas zu tun, war nicht wichtig für mich. Das Leben hält mehr an Spaß und Aufregung bereit, als dass man Zeit hat, es zu genießen.«

Im Januar 1921 beginnt der Unterricht bei Neta Snook, der ersten Pilotin mit eigener Flugschule. Die unkonventionellen Frauen sind sich ähnlich. Snook wollte am Weltkrieg als Pilotin teilnehmen, war aber wegen ihres Geschlechts abgewiesen worden. Abseits der Flugstunden verbindet beide Frauen ein Interesse an Literatur und Dichtung – Amelia hat stets ein Buch in der Tasche, um Wartezeiten zu überbrücken. Wenn sie zusammen aufsteigen, trägt Amelia Reitstiefel und Reithosen, eine lange gefütterte Lederjacke, einen langen Seidenschal, Kopftuch und darüber eine Schutzbrille, wie Skifahrer sie nutzen. Als sie 1923 die internationale Fluglizenz erhält, hat sie bereits einen Höhenrekord für Frauen aufgestellt. Da sich die Eltern geweigert hatten, den Pilotenschein zu finanzieren, hatte Amelia viele Gelegenheitsjobs angenommen, u. a. in der Erwachsenenbildung und als Sozialarbeiterin. Und als sie später am Verkauf von Flugzeugen beteiligt ist, kann sie sich schon bald mit eigenem und geliehenem

»Sie hat der Sache der Frauen gedient, indem sie ihnen das Gefühl vermittelte, dass es nichts gäbe, was Frauen nicht tun könnten.« Eleanor Roosevelt

Geld ihre erste Maschine leisten, eine Kinner Airster. Mit den Piloten Stultz und Gordon überfliegt sie 1928 als erste Frau den Atlantik und wird über Nacht berühmt. >Miss Lindy< wird sie von der Presse genannt, da sie ihrem Vorbild Charles Lindbergh so ähnlich sieht. Von nun an setzt sich Amelia Earhart für die Ausbildung von Frauen ein und gründet 1929 mit 98 weiteren Pilotinnen den Club >Ninety Nines<. Ziel des Clubs, dessen erste Präsidentin sie wird, ist es, die großartigen Leistungen von Frauen in der Geschichte der Luftfahrt sichtbar zu machen.

Inzwischen hatte sie ihren späteren Ehemann kennengelernt, den Verleger George Putnam. Seinen Heiratsantrag lehnte sie zunächst ab und akzeptierte erst, als er einer >Ausstiegsklausel< bei Nichtgefallen nach einem Jahr zustimmte. Im Jahr darauf veröffentlichte sie ihr Buch *The Fun of it* (1932). Es wurde ein Besteller, wie auch ihr bereits 1928 erschienenes Buch *Twenty Hours, Forty Minutes* (dt.: *20 Stunden, 40 Minuten: Mein erster Flug über den Atlantik*).

Bei ihrem Flug mit Stultz und Gordon über den Atlantik war sie lediglich Passagierin. Von diesem Makel, wie sie es empfindet, will sie sich reinwaschen. 1932 ist es dann so weit. Earhart überfliegt allein den Atlantischen Ozean. Für das in der Depression steckende Amerika wird sie eine Hoffnungsträgerin. Es folgen zahlreiche Werbeverträge – darunter über eigene Koffer- und Kleidungskollektionen – sowie ein Dinner bei Präsident Franklin D. Roosevelt. Sie hat neue Pläne und will nun als erste Frau die Welt umfliegen, Putnam sammelt Geld für ein passendes Flugzeug. Amelia fliegt diesmal mit dem erfahrenen

Sternennavigator Fred Noonan. Am 2. Juni 1937 brechen sie zur Erdumrundung auf, von Miami über Gambia, Gao, Karachi, Kalkutta und Bangkok fliegen sie nach Papua-Neuguinea. Vor ihrer Landung in Miami will Amelia auf der Howlandinsel einen Zwischenstopp zum Betanken einlegen. Der Himmel ist verhangen, die kleine Insel ist nicht an der berechneten Stelle auszumachen. Zwar kann Amelia Funksprüche zur SS Itasca absetzen, doch keine empfangen. Immer verzweifelter werden ihre Notrufe, da ihr der Sprit ausgeht. Es gelingt ihr noch, ihre Position durchzugeben, bevor der Kontakt abbricht. Die genaue Absturzstelle ihrer Maschine konnte nie ermittelt werden. Seit dem 2. Juli 1937 gelten die berühmte Abenteurerin und ihr Begleiter als verschollen.

»Frauen haben den Hinweis auf ihr Geschlecht schon viel zu lange als Ausflucht benutzt.« Amelia Earhart

Earhart war die erste Frau, die sowohl den Atlantik als auch den Pazifik im Alleinflug überquerte. Ihr Beispiel konterkarierte die landläufige Auffassung ihrer Zeit, dass Frauen solchen Herausforderungen weder psychisch noch physisch gewachsen seien. Doch Amelia Mary Earhart war nicht einzigartig, es gibt sie gleich mehrfach – die Frauen, die sich in die Lüfte schwingen. 2014 machte sich eine Amelia Rose Earhart startklar, um die Mission ihrer berühmten Vorgängerin zu Ende zu führen: die Erde im Alleinflug zu umrunden. Amelia Rose Earhart ist weder verwandt noch verschwägert mit der Pionierin, sie trägt nur zufällig den gleichen Namen. Doch ihr Antrieb, der Welt zu zeigen, was Frauen zu leisten imstande sind, ist noch immer der gleiche.

Elly Beinhorn (1907–2007)

Über den Wolken

Alle, die es erlebt haben, sagen es: das Gefühl, über den Wolken zu schweben und fern der Erde ihr so zugehörig zu sein wie sonst nie, sei überwältigend. Für Elly Beinhorn war es der Vortrag eines Fliegers, der in der 20-Jährigen die Sehnsucht weckte, die Welt von oben zu sehen, ganz so, als habe sie selbst sie erschaffen. Die Eltern waren entsetzt, als die Tochter erklärte, sie wolle Fliegerin werden, und sagten Nein. Also musste Elly das Geld für die Ausbildung selbst zusammenkratzen. Bei der Deutschen Luftfahrtgesellschaft in Berlin war man erst skeptisch, nahm sie dann aber als Auszubildende an. Sie lernte leicht und schnell. Und wusste: das ist es. So will ich leben, hoch in der Luft, und aus der Luft die Welt erfahren.

Elly kam 1907 in Hannover zur Welt. Der Vater war Kaufmann, die Tochter besuchte das Lyzeum. Als Fliegerin hatte sie nur karge Berufsaussichten, Pilotinnen für Verkehrsflugzeuge waren generell nicht zugelassen. Was Beinhorn blieb, war die Kunstfliegerei. Sie machte ihren Kunstflugschein in Würzburg und erwarb Meriten auf den beliebten Flugschauen. Man bestaunte die kühne, gut aussehende Frau, sie kam in die Zeitung, ihr Name war bald ein Begriff. Der berühmte Kollege Ernst Udet förderte sie, nicht nur, weil sie so mutig war, sondern auch, weil sie ein intuitives technisches Verständnis besaß. Er traute ihr auch den Langstreckenflug zu. Elly Beinhorn startete 1931 ihren ersten Alleinflug nach Guinea-Bissau in Afrika mit einem Klemm-Argus-Kleinflugzeug. Sie schaffte die Strecke von siebentausend Kilometern in siebzig Flugstunden.

»Ich habe diese herrlichen unabhängigen Zeiten erlebt, als man am Himmel ganz für sich allein war.« Elly Beinhorn

Es gab seinerzeit weder Funk noch Radar, auch keine Nachtsichtgeräte. Und die Maschinen waren störanfällig. Auf der Rückreise ihres Afrika-Fluges musste Beinhorn wegen eines defekten Ölrohrs notlan-

HEINKEL

den – und das blieb nicht ihre einzige außerplanmäßige Zwischenlandung. Doch Elly Beinhorns Schutzengel war ihr im Himmel sehr nah. Es ging immer wieder gut aus. Auch als ihr Flugzeug in der Wüste liegen blieb und sie zu Fuß nach Timbuktu marschieren musste. Ohne die Eingeborenen, die sie unterwegs aufspürten und versorgten, wäre sie dort nie angekommen. Nach ihrer Rückkehr wurde sie als ein Star gefeiert. Beinhorn: »Meine Notlandung hat mehr Schlagzeilen gebracht als die tollste Flugleistung.«

Schon im nächsten Jahr macht sich die Fliegerin zu einer Weltumrundung auf, ebenfalls im Alleinflug und auch mit mehreren Notlandungen, kehrt aber gesund nach Berlin zurück. Inzwischen ist sie eine beliebte Vortragsrednerin, spricht sie doch mit großem Pathos von der Schönheit des Himmels und vom großen Reiz fremder Strände, Städte und Kulturen, die sie sich erfliegt. Mit dem Geld, das sie mit ihren Auftritten und auch mit Buchpublikationen verdient, finanziert sie ihre Flüge. Fliegen ist teuer und einen Großteil der Kosten muss Elly selbst aufbringen. Schließlich sitzt sie in einer Schuldenfalle, aus der sie der Hindenburg-Pokal als höchste Anerkennung im Motorflug (ab 1930 auch im Segelflug) bzw. das üppige Preisgeld befreien.

»Ich sehe jedem Segelflugzeug begehrlich nach, denn da gibt es noch etwas von der Großartigkeit und Ruhe der Landschaft und des Himmels, die ich bis an mein Lebensende lieben werde.« Elly Beinhorn

Mit der Kollegin Marga von Etzdorf, die ebenfalls oft nicht weiß, wie sie ihre kostspielige Flugleidenschaft finanzieren soll, verbindet sie eine kollegiale Freundschaft. Ob der Selbstmord der 25-Jährigen sogar mit der Geldnot zu tun hatte? Nach einer Bruchlandung in Syrien musste Etzdorf damit rechnen, dass ihr kein Sponsor oder Flugzeughersteller mehr eine Maschine zur Verfügung stellen würde. Beinhorn hat vergleichsweise viel Glück. Sie kommt nicht nur stets mit heiler Haut davon, sondern schafft es auch, ihre Kasse immer wieder aufzufüllen. Dabei spielten Werbeeinnahmen von Herstellerfirmen eine große Rolle.

1934 flog Beinhorn in die USA. Dort traf sie in Kansas die Flugpionierin Amelia Earhart, mit der sie viel gemein hatte. Beide Frauen waren nicht nur großartige »Luftschifferinnen«, sondern repräsentierten auch ein völlig neues Frauenbild. Dass sportliche Frauen große Leistungen vollbrachten, kam ja schon hin und wieder vor, aber eigentlich sollten auch solche Ausnahme-Damen ihrer »wahren« Bestimmung folgen – heiraten und Kinder kriegen – und es mit dem Sport gut sein lassen. Wie Earhart verliebte sich auch Beinhorn irgendwann, und wie die Amerikanerin fand auch sie, eine Ehe müsse sie deshalb keineswegs schließen. Earharts Gatte war hartnäckig und bekam seine Amelia am Ende unter die Haube, ebenso stur warb der Rennfahrer Bernd Rosemeyer um seine Elly – und gewann. 1936 war Hochzeit, ein Jahr später kam Bernd junior zur Welt. Das Besondere an beiden Fällen: die Sportlerinnen sträubten sich zu Beginn gegen eine Heirat, weil sie fürchteten, hernach ins Haus abgeschoben zu werden. Die Männer warteten, sie bewiesen Ausdauer. Und die Frauen gaben schließlich nach. Aber sie gaben die Fliegerei nicht auf, was die Männer wohl insgeheim gehofft hatten, wünschten sie sich doch ein Familienleben.

Und das war seinerzeit ohne eine treu zu Hause wirtschaftende Frau schwer vorstellbar. Für Amelia ebenso wie für Elly war indes ein Tausch von Fliegerei gegen häusliche Geborgenheit völlig undenkbar, und das passte noch nicht in die Zeit, ja es hatte etwas Empörendes. Dass Earhart ihre Flugleidenschaft mit dem Leben bezahlte, wird Konservativen ein »Das kommt davon« entlockt haben. Auch Beinhorns Ehe endete mit einer Katastrophe. Zwei Jahre nach der Hochzeit erlitt der 29-jährige Bernd Rosemeyer einen tödlichen Unfall bei einem Rekordversuch auf der Autobahn. Für Elly Beinhorn war es das Unglück ihres Lebens.

In Amerika hatte Beinhorn eine überlegene Luftfahrttechnik kennengelernt, deren Prinzipien sie in Deutschland propagierte. Sie besuchte in Augsburg die Bayerischen Motorenwerke und begeisterte sich für die Messerschmitt Bf 108 mit ihrem luftgekühlten Achtzylindermotor. Sie unternahm Test- und Rekordflüge mit dieser Maschine und taufte sie ›Taifun‹; die Firma übernahm diese Bezeichnung. Mehrmals geht Beinhorn mit der Taifun auf große Flugreise und stellt Rekorde auf. So fliegt sie einmal in weniger als 24 Stunden von Deutschland nach Asien und zurück. In den raren Tagen, die sie nicht in der Luft, sondern auf der Erde verbringt, schreibt Elly ihre Bücher: *Ein Mädchen fliegt um die Welt, 180 Stunden über Afrik*a und viele andere, auch eine Biografie ihres Mannes Rosemeyer. Fast alle Werke wurden Bestseller.

Im Zweiten Weltkrieg war dann Schluss mit der Fliegerei; alle Flugzeuge wurden für die Luftwaffe requiriert. Elly ging weder zum Militär (was sie als geübte Fliegerin hätte tun können) noch trat sie in die Nazi-Partei ein. Stattdessen heiratet sie ein zweites Mal: den Kaufmann Karl Wittmann. Sie bekommt noch ein Kind, eine Tochter, flüchtet vor den Bomben erst nach Garmisch, dann nach Ostpreußen und schließlich nach Trossingen in Baden-Württemberg. In der Nachkriegszeit erhält sie in Deutschland keine Fluglizenz, aber die Schweiz lässt sie fliegen. Mit einer Piper I3C65 unternimmt sie Charter- und Erkundungsflüge und bewährt sich als »fliegende Reporterin«. Später arbeitet sie beim Rundfunk, erneuert ihren Kunstflugschein und nimmt 1959 in Amerika am traditionsreichen ›Puderquastenrennen‹ teil, bei dem seit 1929 einzig Frauen um die Wette fliegen. Sie gewinnt noch einige Preise und Medaillen, gibt dann aber mit 72 Jahren ihren Flugschein von sich aus zurück.

»Ich wäre manchmal gerne mit jemandem gemeinsam geflogen. Aber es gab noch wenige Frauen mit einem Flugschein – und was sollte ich mit einem Mann? Ein richtiger Mann würde sich nicht monatelang dem Kommando eines weiblichen Kapitäns fügen. Und einen nicht ganz richtigen Mann wollte ich schon gar nicht neben mir haben.«
Elly Beinhorn

Der großen Fliegerin war ein langes Leben beschieden. Hundertjährig verstarb sie in einem Seniorenheim in Ottobrunn und wurde auf dem Dahlemer Waldfriedhof neben Bernd Rosemeyer beigesetzt. Das Fliegen hat sie im Alter nicht vermisst, denn ihre letzten Erfahrungen waren enttäuschend. Es war einfach zu viel los am Himmel, zu viele Reglementierungen, zu viele Vorschriften. Wo war die Freiheit über den Wolken geblieben? »Ich hatte das Glück, zu einer Zeit fliegen zu dürfen, als das wirklich noch ein Abenteuer war.«

Isadora Duncan (1877 – 1927)

Bahn frei für den neuen Tanzstil

»Sie kam durch diese schmalen Vorhänge, die nicht höher waren als sie selbst. Vorne auf der Bühne saß der Pianist an einem großen Flügel. Neben ihm stehend wartete sie, vielleicht fünf oder acht Sekunden lang. Dann erklang Musik von Chopin. Sie begann, sich zu bewegen, einen Schritt zurück, einen anderen seitwärts. Einfache Bewegungen, keine Pirouetten. Isadora erzählte der Luft etwas, von dem wir immer schon geträumt hatten, ohne zu glauben, dass wir es je hören würden.«

So beschrieb der Bühnenbildner Gordon Craig einen Auftritt seiner Lebensgefährtin. Isadora (eigentlich: Angela) Duncan war von Amerika nach Europa gereist, um der alten Welt Beine zu machen. Schlicht sollte er sein, der neue Tanz, ungekünstelt, wahr und innig, wie ein Gebet. Die Künstlerin war eine kühne Neuerin, Wegbereiterin des modernen Ausdruckstanzes. Geboren 1877 in San Francisco, hatte sie schon als kleines Mädchen getanzt und als Teenager Kinder aus der Nachbarschaft im tänzerischen Ausdruck unterrichtet. Das Ballett lehnte sie als zu preziös ab – wie auch manches andere, das sie als zwanghaft und äußerlich empfand, etwa Kleidervorschriften und Geschlechterrollen. Wahrheit und Schönheit komme, so sah sie es, von innen, und deshalb sollte jede Tänzerin auf ihre eigene innere Stimme hören. Zunächst wird Isadora mehr belächelt als belobigt. Aber in Europa wendet sich das Blatt. Es sind die Berliner und Pariser, denen ihre feine, zugleich innige und nervöse, von ihr selbst als vergeistigt beschriebene Bewegungskunst etwas sagt. »Die Gesellschaft, in der sie lebt«, schreibt die Tanzexpertin Marianne Wick, »ist von der gleichen fiebrigen Sehnsucht nach Auflösung der überholten Kunstformen befallen wie Isadora selber. Hauptsächlich in

»Ihre nackten Füße berühren den Boden, so wie er berührt werden muss, damit der Körper harmonische Schwingungen in Bilder umsetzen kann.« Marianne Wick

den Salons aristokratischer Persönlichkeiten findet sie für ihre neue poetische Tanzform ein williges Publikum.«

In Paris lernte Duncan Loïe Fuller kennen und bewundern. Diese Künstlerin hatte den Tanz davon befreit, eine Geschichte erzählen zu müssen, und ihm das Reich der reinen Zeichen eröffnet. Duncan befreite ihn von der geronnenen klassischen Form und öffnete ihm das Reich der impulsiven Bewegungslust. Beide großen Tanzpionierinnen waren religiöse Menschen, konnten aber ihr Heilsverlangen im Christentum nicht unterbringen. So suchten sie mystische Erfahrungen jenseits der Kirche, und diese Suche floss in ihre Tänze ein. Man kann vielleicht sagen, dass beide dem Tanz eine »Renaissance« bescherten, indem sie die durch Tradition und christliche Leibfeindlichkeit aufgehäuften Hemmnisse niederrissen. Bei Isadora Duncan liegt diese Analogie auch deshalb nahe, weil sie sich eine Erneuerung der Tanzkunst durch Rückbesinnung auf antike Ästhetik und Lebensart versprach. Sie verstand diese Rückkehr zu den Griechen nicht im übertragenen Sinn, sondern unmittelbar als praktische Aufgabe. Stunden und Tage verbringt sie in Museen, versunken in den Anblick tanzender Figuren auf griechischen Vasen und Tonscherben. Genau diese Anmut, diese Würde, diese schlichte Grazie will sie dem Tanz der Gegenwart wiedergeben. Von ihren ersten Gagen finanzierte sie eine Reise (mit Mutter und Geschwistern) nach Griechenland, wo sie auf einem Berg Land erwarb, einen Tempel zu bauen begann und die Kinder der benachbarten Schafhirten das Tanzen lehrte. Dieser heroisch-einzelkämpferische Versuch einer Gräzisierung der Tanzkunst verlief im Sande, aber die antike Gelassenheit in der tänzerischen Bewegung blieb für sie ein Leben lang das Ideal. Sie tanzte stets barfuß und in einem einfachen Überwurf nach Art des griechischen Chitons. Wie auch Fuller zog sie klassische Musik heran als Geburtshilfe für die tänzerische Emotion.

»Mein Tanz wurde Gegenstand hitziger Debatten.« Isadora Duncan

Isadora Duncan war und blieb eine Einzelkämpferin. Ihr ethisch-soziales Interesse am Tanz war genauso groß wie das ästhetische. Sie fühlte sich als Missionarin einer Erneuerung des Lebens mit den Mitteln des von einengenden Konventionen befreiten Tanzes. So wird verständlich, dass die Tanzschulen, die sie an verschiedenen Standorten

gründete, eine so große Rolle in ihrem Lebenswerk spielten. Diese Internatsschulen waren für Mädchen gedacht, die dort nicht nur tanzen lernten, sondern mit wachen Sinnen das wahre Leben erspüren sollten, vermittelt über ein Gefühl für Rhythmus, Musik und Bewegung. Mit solchen Ideen stand aber Duncan nicht allein da. Sie lagen im Zug der Zeit, die sich zunehmend für Freikörperkultur, Wandern, Turnen und ähnliche Reformideen zu begeistern begann.

Auch für das Leben der Frauen wollte Duncan ein revolutionäres Vorbild sein. Sie hatte sich schon als Kind geschworen, nie zu heiraten. Das Schicksal ihrer Mutter vor Augen, die mit vier Kindern von ihrem treulosen Ehemann sitzen gelassen worden war, entschied sie sich für die Freiheit. Dazu gehörte aber nicht, wie man mutmaßen könnte, der Verzicht auf Kinder. Duncan hielt es für das Naturrecht jeder Frau,

Kinder zu gebären, wann und von wem sie wollte, ohne sich dafür Ehefesseln einzuhandeln. Dieses ungestüme, in der damaligen Zeit schwerlich praktizierbare Freiheitsverlangen übertrug sie auf ihre Kunst, den Tanz, und dort war es geradezu idealiter praktizierbar!

Als ihre Tochter Deirdre geboren wurde, ohne dass Duncan deren Vater Gordon Craig heiratete, entzogen ihr empörte Berliner Gönner die Zuwendungen für ihre dortige Tanzschule. In Paris konnte sie freier leben; sie verliebte sich in den Nähmaschinen-Erben Paris Singer und bekam auch von ihm ein Kind, den Sohn Patrick. Als Star auf Tournee und als Lehrerin in ihren Schulen war sie ständig unterwegs, ein anstrengendes, aber erfülltes Leben, denn ihre einmaligen Darbietungen wurden allseits bejubelt. Ein schwerer Schlag für Duncan war der Tod ihrer beiden Kinder, die bei einem Autounfall in die Seine stürzten und ertranken. Sie trauerte lange.

Ihr großer Erfolg auf russischen Bühnen führte zu ausgedehnten Tourneen in der jungen Sowjetunion. Hier heiratete sie doch noch: den Dichter Sergej Jessenin. Aber die Verbindung hielt nicht lange. Der Dichter und die Tänzerin hatten zu wenig Gemeinsamkeiten, und ihre Gegensätzlichkeiten zogen sich nicht lange an.

Duncan starb 1927. Und ihr Tod war so außergewöhnlich wie ihr Leben. Sie strangulierte sich unfreiwillig selbst, als sie an der Côte d'Azur einen Wagen startete, in dessen Speichen sich ihr langer Schal verfing. Aber ihr Werk überlebte – und das will bei einer Tänzerin etwas heißen. Es waren nicht die Fotos, Plakate und Elogen, die fortwirkten, sondern die Idee eines Tanzes, der natürlich und zugleich Kunst ist.

»Ihr ganzer Körper bringt die strahlende Klugheit und die Gedanken und Sehnsüchte Tausender von Frauen zum Ausdruck. Sie tanzt die Freiheit der Frauen.«

Isadora Duncan über die Mission der Tänzerin der Zukunft

Duncan hat sich gerne lustig gemacht über die Inbrunst, mit der vor allem die Deutschen über Kunst debattieren, wobei sie aber eingestand, dass sie die »deutsche« Art eines geistigen Zugangs zur Kunst im Grunde teilte. »Ganze Kolumnen erschienen ständig in den Zeitungen, die mich entweder als Genius einer neu entdeckten Kunstform feierten oder als Zerstörerin des klassischen Balletts beschimpften. Wenn ich von einer Vorstellung nach Hause zurückkehrte, noch beglückt über das Publikum, das vor Begeisterung außer sich gewesen war, saß ich gerne in meinem weißen Überwurf bei einem Glas Milch und grübelte über Kants *Kritik der reinen Vernunft*, ein Werk, von dem ich mir, der Himmel weiß warum, Inspiration versprach bei meiner Suche nach Bewegungen von reinster Schönheit.«

Ob das nun stimmt, was sie über ihre Kant-Lektüre mitteilt, oder ob sie einen einmaligen Versuch zu einer lieben Gewohnheit befördert – typisch ist diese Episode für sie auf jeden Fall. Duncan wollte einen veredelten Tanz voller Noblesse und Tiefgang, und sie versprach sich für die Zukunft dieser Kunst weniger vom Training an der Stange als von Übungen in Ideenlehre. Ein wenig exaltiert war sie schon, außerdem durchaus arrogant und voller Verachtung für Revue und Tingeltangel und die Art von Tanz, die in solchen Theatern geboten wurde. Für sie war Tanz eine Hohe Kunst oder sollte es wieder werden. Wann immer sie es sich leisten konnte, schlug sie Engagements aus, die sie auf Spielstätten geführt hätten, deren Publikum sie für unfähig hielt, die sublime Botschaft ihrer Schau zu verstehen. Der wortgewandte Tanzkritiker Max von Boehn mochte sie nicht, er nannte sie »die tanzende Gouvernante«, musste indes anerkennen: »Miss Duncan hat den Tanz wieder in seine Rechte als individuelle Kunst eingesetzt, sie hat die Bahn freigemacht für den neuen Tanzstil, der sich mit der schematischen Akrobatik des Balletts nicht mehr begnügt.«

Loïe Fuller (1862 – 1928)

Göttin des Lichts

»An diesem Abend saßen wir in der Loge und sahen Loïe Fuller tanzen«, schreibt Isadora Duncan in ihren Lebenserinnerungen. »Was für ein außerordentlicher Genius! Was sie macht, kann man nicht wiederholen, und man kann es nicht beschreiben. Sie war ganz Licht, ganz Farbe. Sie verwandelte sich vor den Augen ihres Publikums in tausend bunte Imaginationen. Völlig verwirrt und überwältigt von dieser einzigartigen Künstlerin ging ich zurück ins Hotel.«

Die amerikanische Tänzerin Isadora Duncan war der Kollegin Loïe Fuller hinterhergereist – beide Tanzkünstlerinnen lebten in Paris –, um ihren Auftritt im Berliner Wintergarten mitzuerleben. Während die ältere Fuller längst als Sensation gehandelt wurde, als eine höchst eigenwillige Artistin, deren berühmte »Lichttänze« ihr überall volle Häuser sicherten, stand die jüngere Duncan – sie war damals 24 Jahre alt – 1892 noch am Anfang ihrer Laufbahn. Fuller war vom Talent und auch vom Sendungsbewusstsein der jungen Isadora beeindruckt und bemühte sich, sie zu protegieren. Von Berlin aus tourten beide durch Deutschland bis nach Wien.

Fuller führte eine Truppe junger Schülerinnen mit sich, die auf dieser Tournee erstmals auftraten. Die Tanzwissenschaftlerin Gabriele Brandstetter sagt von Fuller und ihren pädagogischen Ambitionen, dass sie »nicht mit dem Ziel unterrichtete, ihren ›Stil‹ an die nachfolgende Generation weiterzugeben; sie förderte diese Mädchen vielmehr, um deren eigenständige tänzerische Individualität zu entwickeln«. Das war etwas völlig Neues im Vergleich zur traditionellen Tanzerziehung, in der es darum ging, einen festgelegten Kanon von Techniken zu erlernen, in der alle dasselbe machten. Fuller und Duncan verbanden ganz andere

Fuller und Duncan waren Avantgardistinnen auf dem Felde eines modernen Körperausdrucks und Befreierinnen des Frauenleibes aus Korsett und Knöpfstiefeln.

Ideen und Ideale mit dem Tanz als die Primaballerinen früherer Epochen. Er suchte die Freiheit, den natürlichen Körperausdruck. Er suchte nach Fullers Beispiel den Wirbel, den Wellengang, den Feuerstoß – Bewegungen, die sich in angestrahlter Materie fortsetzen und zur fantastischen Erscheinung werden. Das war ein kühnes, ein revolutionäres Programm, und seine ersten Verkünderinnen kamen nicht zufällig aus Amerika, einem Land, in dem das klassische Ballett nie wirklich heimisch geworden war.

Marie-Louise Fuller kommt 1862 in Chicago zur Welt und schließt sich als junge Frau allerlei Wanderbühnen und Boulevardtheatertruppen an. Aber ihre Sehnsucht gilt Europa, dort will sie groß rauskommen. Und sie schafft es. 1892, mit dreißig Jahren, hat sie ihren Durchbruch als »Lichttänzerin« in Paris; an den Folies Bergère bleibt sie engagiert bis 1899. Zwischendurch tourt sie durch Europa, aber auch durch ihr Heimatland, wo sie indessen nie so anerkannt war wie in der Alten Welt. Zur Pariser Weltausstellung 1900 baut ihr der Architekt Henri Sauvage einen eigenen Pavillon, in dem sie ihre Schleiertänze darbietet.

Loïe Fuller führte die Abstraktion in die Tanzkunst ein, das war ihre epochale Leistung. Sie tanzte keine Figuren mehr, auch keine Allegorien und keine Geschichten. Sie war, wie Duncan schrieb, ganz Licht und Farbe. Sie tanzte Inbegriffe, Formen, Elemente. Sie tanzte Wolken, Blitze und Wind. Sie tanzte den Rausch, den Traum, die Vergänglichkeit, die Ewigkeit. Und zwar nicht metaphorisch, sondern unmittelbar.

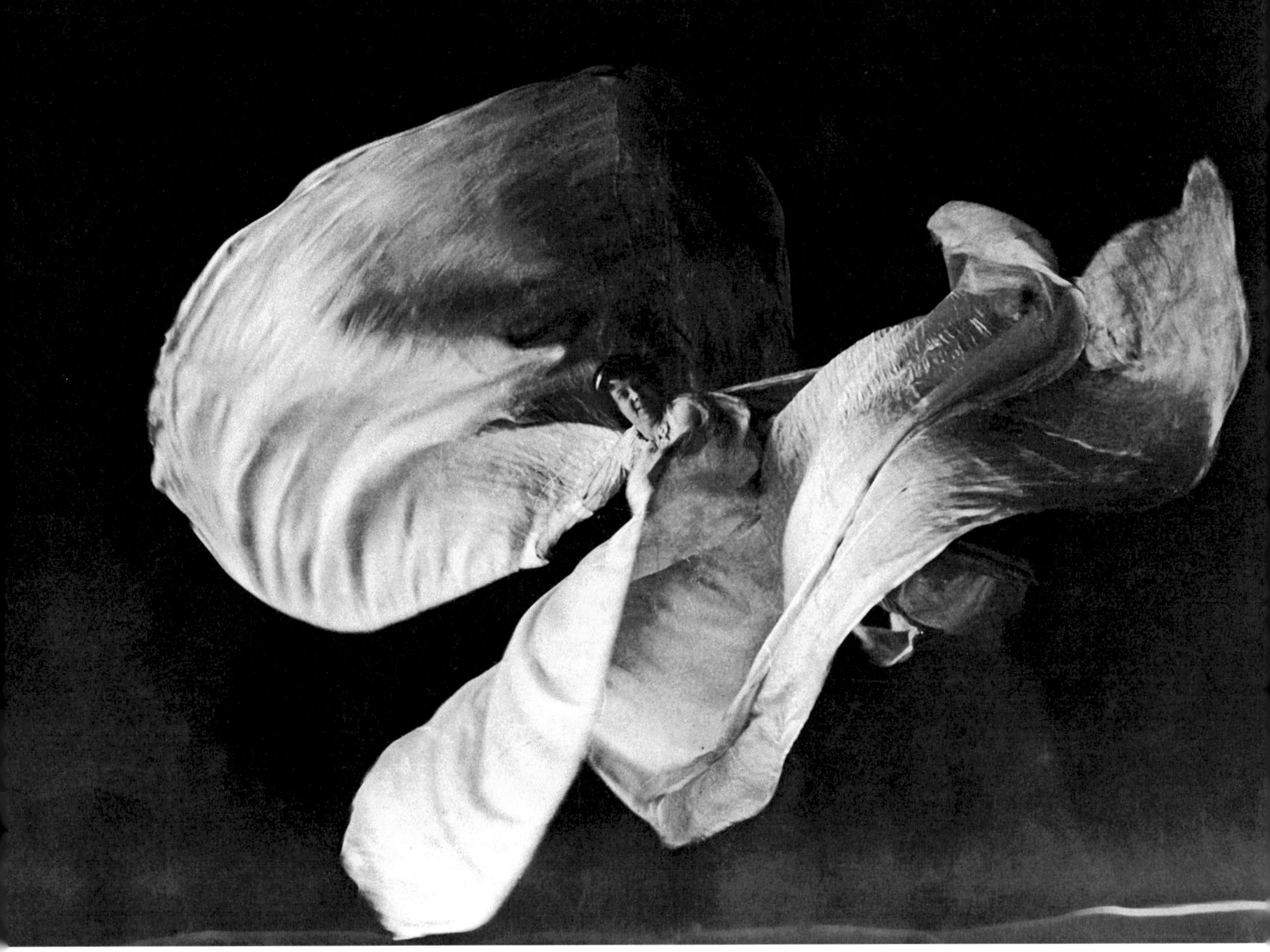

Die radikal moderne Tänzerin inspirierte bildende Künstler und Fotografen. Es existiert eine große Zahl eindrucksvoller Gemälde, Plakate, Plastiken und Fotos, die sie in Aktion zeigen. Auch Schriftsteller wie Anatole France erkannten ihr Format und rühmten sie.

Wichtigstes Hilfsmittel für ihren modernen Tanz waren riesige Stoffbahnen, die derart gegeneinander vernäht und am Körper der Tänzerin befestigt waren, dass sie deren Bewegung in runde Wogen, spiralförmige Wellen, klatschende Ströme oder kelchartige Aufbauschungen übersetzen konnten. Die Tänzerin war der – äußerst gelenkige und biegsame – Impulsgeber. Was den Raum ausfüllte und das Auge des Betrachters fesselte, war eine ganz neue Erscheinung: Massen sich überschlagender und ineinander verschlingender Draperien, die weit über das Dekorative hinaus einen Eindruck von elementarer Wandlung weckten, so als sollte ein Stern aus dem Chaos geboren werden. Für diese außerordentliche Wirkung benutzte Fuller zur Verlängerung ihrer Arme leichte, aber lange Aluminiumstäbe, die mit den Stoffen verbunden waren und den Schwungbefehl ihrer Hände weitergaben. Jeder Körperimpuls erzeugte Lichtbrechungen und Farbreflexe auf den wirbelnden Textilien, unter denen die Tänzerin selbst verschwand. Das Publikum verfiel in Raserei. So etwas hatte es noch nie gesehen.

»Dieses herrliche Geschöpf zerfloss zu Licht, es wurde zu Farbe und Feuer und löste sich schließlich in wundersame flammende Mäander auf.« Isadora Duncan

Fuller verzichtete auch auf Kulissen, sie tauchte den Zuschauerraum in tiefes Schwarz, ließ elektrische Lichtblitze von oben auf ihre Seidenflügel einprasseln, arbeitete mit fluoreszierenden Substanzen auf von unten beleuchtetem Bühnenboden und bestrich ihre Textilien mit Leuchtfarben. So zauberte sie nicht nur nie gesehene Wellenbewegungen in den Bühnenraum, sondern auch unglaubliche Farben und gab dem Publikum das Gefühl, seine Augen neu zu entdecken. Man nannte sie die »Fée d'electricité«, ein Beiname, der einen leichten Schauder weckte, denn noch war die Elektrizität im alltäglichen Gebrauch eine junge Errungenschaft und nie ganz ungefährlich. Respektvoll spricht die Tanzgeschichte von Fuller als »Göttin des Lichts«. Sie umgab sich mit Spezialisten – zum Beispiel mit dem Physiker-Ehepaar Marie und Pierre Curie. Es wurde eine Freundschaft daraus, und Fuller tanzte 1903 auf der Feier zur Verleihung des Nobelpreises an die Curies.

Ihre Tänze heißen zu Beginn ihrer europäischen Karriere »La Violette«, »Le Papillon«, »La Rose«. Da bezieht sie sich noch auf die Tier- und Pflanzenwelt, mit denen sich die Solistin quasi für ihre Tanzabstraktion entschuldigt. Auf ihrer England-Tournee im Jahre 1895 wird sie mit »La Nuit« und »Le Firmament« schon elementarer. Ein Jahr später heißt es in New York noch lakonischer

»Le Feu« und »La Danse blanche« oder gar »XXXX«. 1902 tanzt sie im Berliner Wintergarten »La Danse fluorescente«, »La Tempète« und »Le Lys«.

Das technische Instrumentarium ihrer Vorführungen wurde immer aufwendiger und raffinierter. In Paris mietete sie einen Pavillon, in dem sie ihr Labor einrichtete. Zeitweilig beschäftigte sie über vierzig Beleuchtungstechniker. Schließlich kamen noch Spiegelwände zum Einsatz. Ihr »Mirror Dance« schenkte dem Zuschauer nicht nur einen neuen Sehnerv, sondern zusätzlich ein neues Raumempfinden. Kein Wunder, dass das Erfolgsrezept mehr oder weniger offen kopiert wurde. Loïe Fuller meldete Patente auf ihre »Illusionseffekte« an und prozessierte entschlossen gegen die Diebinnen ihrer Ideen.

Musik – klassische, romantische, moderne – hatte Fuller von Beginn an eingesetzt, und Musik spielte eine wachsende Rolle, als neben ihren Soli die Arbeit mit einer Truppe junger Schülerinnen an Bedeutung gewann. Der Nachwuchs tanzte vorzugsweise zu Mozart, Schubert, Debussy und Berlioz. Mit ihm ging sie auf große Fahrt, quer durch Europa bis nach Ägypten. 1915 war sie mit fünfzig Tänzerinnen, genannt »École d'imagination«, in Kalifornien und tanzte im Stadion von San Francisco unter freiem Himmel. Fluchtpunkt und Rückzugsort in dieser unruhigen Zeit war Paris. Dort lebte Loïe mit Gabrielle Bloch zusammen, einer viel jüngeren Gefährtin und Mitarbeiterin – allerdings nie in derselben Wohnung. Wahrscheinlich wäre es für sie außerhalb von Paris schwerer gewesen, ein Leben unter Frauen zu führen. Diese Stadt entwickelte seinerzeit eine grandiose Toleranz, die es gleichgeschlechtlichen Paaren ermöglichte, sich nicht nur in ihr zu verstecken, sondern ihr Flair zu genießen – und es mit zu prägen. In Paris stirbt Fuller 1928 an Krebs, bis zuletzt umsorgt von Lebensgefährtin Gabrielle.

Der neue Tanz hatte mit dem Ballett nichts mehr zu tun.

Billie Jean King (*1943)

A Champion for Women's Rights

B·J·K

Die Vereinigten Staaten von Amerika im Jahr 1973 – der Vietnamkrieg kühlt sich ab, die Watergate-Affäre erhitzt die Gemüter und Frauen dürfen ohne Erlaubnis des Ehemanns noch keine Kreditkarten besitzen. Im selben Jahr findet der ›Kampf der Geschlechter‹ statt, ein spektakulär inszenierter Schaukampf zwischen einem Mann und einer Frau. Im Astrodome in Houston/Texas finden sich so viel Menschen ein wie nie zuvor bei einem Tennisspiel: mehr als 30.000 Zuschauer im Stadion und etwa 50 Millionen Menschen vor den TV-Geräten verfolgen in 36 Ländern den Kampf. Der dreifache Wimbledonsieger Robert Riggs (55) hat seine Gegnerin Billie Jean King (29) herausgefordert. Riggs nennt sich gern ein ›Chauvinistenschwein‹, denn er ist überzeugt, dass Männer Frauen überlegen seien und daher Recht auf Bevorzugung hätten: »Jeder halb demente Mann ist jederzeit in der Lage, die beste Tennisspielerin der Welt vom Platz zu fegen.« Der Mann hat Grund für seine Selbstsicherheit. Erst wenige Monate zuvor hatte er die Weltranglistenerste Margaret Smith Court in einem ›Massaker am Muttertag‹, wie das Match tituliert wurde, vernichtend geschlagen, Und auch bei dem Kampf mit King rechnet kaum jemand mit einem Sieg der Frau. Es ist ein Spektakel, und Amerikaner wissen, wie man so etwas inszeniert. Billie Jean King ist als Kleopatra kostümiert und wird von muskulösen halbnackten Männern in die Arena getragen, Robert Riggs ist beim Einmarsch von schönen jungen Frauen umringt.

»Es ist ein herrliches Gefühl, die eigene Angst zu überwinden und dazu noch den Gegner zu besiegen.« Billie Jean King

Court hatte vor dem Kampf noch artig zur Begrüßung einen Knicks vor Riggs gemacht. King will ihm anders gegenübertreten, sie will ihm auf Augenhöhe begegnen. Sie will nicht vorsichtig an der Grundlinie kleben, sondern angreifen. Sie will dem Mann entgegen laufen und ihn vom Netz aus über den Platz jagen. Und so kommt es. King dominiert und besiegt Riggs mit ihrem aggressiven Spiel souverän in drei kurzen Sätzen: 6:4 / 6:3 / 6:3. Viele Menschen sehen zum ersten Mal, dass eine Frau einen Mann in die Knie zwingt. Für King ist es das wichtigste Ereignis ihres Lebens. Sie wurde nicht etwa herausgefordert, weil sie im selben Jahr das fünfte Mal Wimbledon gewonnen hatte, sondern weil sie immer wieder öffentlich die Gleichbehandlung von Frauen und Männern einklagte und damit provozierte.

»Gutes Tennis ist einfach gutes Tennis. Ein Tennisball kennt keinen Unterschied, ob er von einer Frau oder von einem Mann geschlagen wird.« Billie Jean King

1972 hatte King bei den US Open gefordert, die Preisgelder für Frauen denen der Männer anzugleichen. Noch erhielten Männer fünfmal mehr. Da Spielerinnen die gleichen Reise- und Ausrüstungskosten tragen müssten und das Gleiche leisteten, stünde ihnen auch das gleiche Preisgeld zu. Ihr Engagement zeigte Wirkung. Noch im gleichen Jahr verbot ein Ergänzungsartikel zu den Bürgerrechten die Benachteiligung von Frauen im Schul- und Hochschulbereich. Frauen, die ohnehin überwiegend an Colleges und Universitäten Sport trieben, erhielten nun mehr Trainingszeiten und -plätze sowie eine bessere Ausstattung und medizinische Betreuung. In vielen Sportarten verbesserten sie sich, wurden professioneller, internationale Erfolge stellten sich ein.

1973 war ein besonders erfolgreiches Jahr für Billie Jean King: In Wimbledon siegte sie im Einzel, Damendoppel und gemischten Doppel. Nach ihrem Sieg lud sie sämtliche Spielerinnen in ihr Hotelzimmer. Drei Jahre zuvor hatte sie mit Kolleginnen einen Wettbewerb für Frauen ins Leben gerufen, die Virginia Slims Tour. Nun beschloss die Frauengruppe, einen eigenen Tennisverband zu gründen, die Women's Tennis Association (WTA), deren erste Präsidentin King wurde. Bis heute organisiert die WTA die meisten Profiturniere für Frauen. Und bis heute sind die bestbezahlten Sportlerinnen im Tennissport zu finden. Die Frage, welche Rolle Geld im Sport spiele, beantwortet die aktuelle Präsidentin der WTA, Stacey Allaster, so: »Es ist ein Symbol. Frauen, die auf dem Tennisplatz Stärke zeigen, stärken die Frauen in der Gesellschaft.«

1943 in Long Beach, Kalifornien, als Tochter eines Feuerwehrmanns und einer Hausfrau geboren, beginnt Billie Jean Moffitt im

Alter von neun Jahren mit dem Tennisspiel. Doch es ist nicht ausgemacht, dass aus ihr eine Tennisspielerin wird. Denn der weiße Sport wird überwiegend in den Country Clubs des Landes betrieben, er hat einen elitären Nimbus und ist etwas für Leute, die Zeit und Geld besitzen oder gar nicht arbeiten müssen. Also nichts für die Moffitts. Doch Sport hat in der Methodistenfamilie einen hohen Stellenwert – Bruder Randy wird professioneller Baseballspieler, Vater Bill ist ein guter Basketballspieler und Mutter Betty eine hervorragende Schwimmerin.

Billies Lieblingssport ist Softball, eine leichtere Variante des Baseballs, die hauptsächlich von Frauen betrieben wird. Doch der Vater wünscht sich eine weiblichere Ertüchtigung für seine Tochter. Da kommen die kostenlosen Tennisstunden auf den öffentlichen Plätzen im nahen Park gerade recht. Billie hat noch keine Ahnung, was Tennis eigentlich ist, doch bereits nach der ersten Stunde verkündet sie der Mutter: »Ich werde mal die beste Tennisspielerin der Welt.«

Mit elf Jahren beginnt sie ernsthaft mit dem Tennisunterricht, bald nimmt sich die berühmte Alice Marble ihrer an. 1958 wird Billie südkalifornische Meisterin, obwohl sie mit den billigeren Nylonsaiten spielt. 1961 gewinnt sie gemeinsam mit ihrer Landsfrau Karen Hantze das Wimbledonfinale im Damendoppel; als jüngste Spielerinnen bis dahin. Nach der High School studiert Billie Jean am Los Angeles State College, wo sie den zwei Jahre jüngeren Jurastudenten Lawrence King kennenlernt. In dieser Zeit verdient sie sich als Tennislehrerin ihren Unterhalt.

Billie Jean King (links) mit ihrer Tennispartnerin Rosemary Casals, 1967

1964 verlässt sie das College, um mit Hilfe eines Sponsors einige Monate professionell in Australien zu trainieren. Hier erlernt sie das kämpferische Serve-and-Volley-Spiel, das ihrem Charakter entspricht. Serve-and-Volley ist eine offensive Spielstrategie im Tennis, die besonders in den 1980er und 1990er Jahren beliebt war. Ziel des aufschlagenden Spielers ist es hierbei, den Gegner mit einem harten und platzierten Aufschlag in Bedrängnis zu bringen und dann sofort ans Netz vorzurücken. Der oftmals ungenaue Return wird vom aufschlagenden Spieler dann direkt mit einem Volley aus der Luft beantwortet, um im Optimalfall den Ballwechsel direkt für sich zu entscheiden.

In diesen Jahren ist noch insbesondere bei den Frauen das für Akteure (und Zuschauer) ermüdende Grundlinienspiel üblich. Billie

Jeans Spiel am Netz erschreckt die Gegner, ihre Smashs mit der Rückhand nicht weniger. Mit dieser Spielweise ist sie Pionierin im Damentennis. Larry King spielt ebenfalls Tennis und unterstützt seine Frau mental und praktisch, indem er ihr hilft, Sponsoren zu gewinnen. Dann geht es Schlag auf Schlag. 1966 siegt Billie Jean King in Wimbledon, 1967 gewinnt sie den US-Titel, ohne einen einzigen Satz abzugeben, 1971 ist sie die erste Sportlerin mit einem Jahreseinkommen von über 100.000 Dollar.

»Ich wurde schon oft gefragt, ob ich eine Frau oder eine Athletin bin. Diese Frage ist absurd. Männer werden so was nie gefragt.« Billie Jean King

Einer ihrer größten Fans ist Elton John. 1975 schreibt er einen Song für sie – Philadelphia Freedom –, der sofort Platz 1 der US-Charts stürmt. Es ist der Name eines professionellen amerikanischen Tennisteams, das King seit 1974 als erste Frau überhaupt trainiert. Jahre später gehen die Eheleute King auseinander. Billie Jean weiß jetzt, dass es Frauen sind, zu denen sie sich hingezogen fühlt.

King war vor dem ›Kampf der Geschlechter‹ keineswegs so selbstsicher, wie sie sich gab. Noch Jahrzehnte später wachte sie oft schweißgebadet auf: »Oh Gott, ich muss dieses Match spielen. Ich dachte damals, es würde uns fünfzig Jahre zurückwerfen, wenn ich es nicht gewinne.«

Vierzig Jahre nach dem Schaukampf berichtet ein TV-Sender, Riggs könnte das Spiel absichtlich verloren haben, um Spielschulden bei der Mafia zu begleichen. Riggs Sohn Larry bestätigte Kontakte seines Vaters zur Mafia. Nach dem Spiel hatte sein Vater zu ihm gesagt: »Das war das Schlimmste, was ich in meinem Leben getan habe.« King selbst findet die Mutmaßungen lächerlich, auch Riggs' bester Freund glaubt nicht an eine vorsätzliche Niederlage. Im Grunde ist es egal, wie genau es abgelaufen ist – die Botschaft zählt. Und die ist eindeutig. Auch Riggs war davon überzeugt, damals etwas »Tolles ins Rollen« gebracht zu haben.

»Wenn es irgendeinen Moment gab, der für die Generation der Mädchen damals bestimmend war«, schreibt der Schriftsteller Jeffrey Eugenides in seinem Roman *Die Liebeshandlung*, »dann waren es diese zwei Stunden und fünfzehn Minuten, in denen die versammelte Nation dabei zuschaute, wie ein Mann mit weißen Shorts von einer

Frau niedergemacht und mit Schlägen eingedeckt wurde, sodass ihm nach dem Matchball nichts anderes mehr übrig blieb, als schlapp übers Netz zu springen.«

Auf die Frage, welcher Kampf ihr härtester war, antwortete Billie Jean King: »Mein Bekenntnis, dass ich lesbisch bin, denn ich bin in einer homophoben Familie aufgewachsen. Ich fühlte mich erstmals in meiner Haut wohl, als ich 51 Jahre alt wurde.«

King wurde von ihrer ehemaligen Geliebten geoutet. Die Sponsoren sprangen ab. »Über Nacht verlor ich all mein Geld. Doch langfristig hat mich das Outing weitergebracht. Es hilft, wenn ein Heterosexueller dir sagt: ›Es ist mir egal, welche sexuelle Orientierung du hast.‹ Das entspannt einen ungemein.«

Heidi Hetzer (*1937)

Motorenklänge wie Sinfonien

Heidi
Berlin
RUSSIA
Omsk
Lake Baikal
MONGOLIA
Teheran
CHINA
PACIFIC OCEAN
AFRICA

Heidi Hetzer ist schnell, im Sprechen wie im Gehen, aber vor allem hat sie ein ungeduldiges Temperament. Ihr Leben lang hat sie Autos verkauft: Kraftfahrzeuge der 1862 gegründeten Firma Adam Opel. Dabei hatten Modelle der Rüsselsheimer Autobauer über viele Jahrzehnte eher ein langsames, gar verschnarchtes Renommee; ihre Besitzer stellten sich gern Wackeldackel oder Klopapierrollen mit Häkelhülle ins Rückfenster. Für Ungeduld und Schnelligkeit standen sie jedenfalls nicht – Marken wie BMW oder Audi passten womöglich besser zu Hetzers Naturell. Ihr Leben lang ist sie Auto gefahren, auch das sehr schnell, meist auf Rallyes. Und sie hat das Handwerk erlernt. Als 17-Jährige ist Heidi Lehrling im Familienbetrieb, sie wird Kfz-Mechanikerin. »›Gib mal her, das kannst du nicht!‹, so etwas hat mein Vater nie gesagt, das war mein Glück! Ich habe immer mit ihm geschraubt. Meine Mutter fand das natürlich ganz furchtbar, wenn eine Frau mit dreckigen Fingernägeln rumläuft, wie ein Junge latscht und dann noch berlinert!«

»Wir Frauen sind nicht besser, aber mindestens genauso gut.« Heidi Hetzer

In dieser Zeit sammelt sie bereits erste Rennerfahrungen. Auf einer Lambretta, einem der meistgebauten Motorroller der 1950er Jahre, fuhr sie rund um die Berliner Müggelberge. Später kamen große Wettbewerbe außerhalb der Mauerstadt hinzu, die sie jeweils zwanzig Jahre lang zunächst mit dem Motorrad, dann mit Neuwagen und schließlich mit Oldtimern bestritt: Rallye Monte Carlo, Mille Miglia, Paris–Berlin, Panama–Alaska, Düsseldorf–Shanghai, die Carrera Panamericana oder die Tour d'Europe. Sie ist eine kühne Fahrerin, einmal gar überschlägt sie sich und wird schwer verletzt aus dem brennenden Fahrzeug geborgen. Aber das schmälert ihre Leidenschaft keineswegs: »Ich liebe das Geräusch von Motoren. Für mich sind Motorenklänge wie Sinfonien. Da bleibt das Autoradio aus.«

Clärenore Stinnes (1901 – 1990) nach der Überquerung der peruanischen Anden vor ihrem Auto Adler Standard 6, 1927/1928

1937 in Berlin geboren, gestaltet sich ihr Leben rund um das Automobil. Vater Siegfried Hetzer eröffnete 1919 einen Handel mit Fahrzeugen der Nürnberger Victoria-Werke, 1933 wechselte das Haus zur Marke Opel, die erst vier Jahre zuvor vom US-amerikanischen Hersteller General Motors (GM) übernommen worden war. Mit dem Automobilkonzern wird Heidi Hetzer noch so ihre leidvollen Erfahrungen machen, was Management und Modellpolitik betrifft. Nach der Lehre unternimmt sie einen Versuch, sich vom Vater zu emanzipieren, und macht sich mit 21 Jahren mit einer Autovermietung selbständig. Das Kapital dafür sammelt sie bei den Angestellten des Vaters. Der ist alles andere als erfreut: »Für Schulden meiner Tochter komme ich nicht auf«, signalisiert er erbost auf einem Ladenschild. Der Versuch scheitert. Bis zur Tilgung der Schulden arbeitet Heidi in einer Zigarettenfabrik, danach geht es wieder zurück in den Betrieb – als Vaters Sekretärin.

Sie ist 31, als das Familienoberhaupt stirbt und sie das verschuldete Unternehmen mit 150 Mitarbeitern 1969 schließlich allein weiterführt.

»Das war hart. Ich war ganz unsicher, aber ich habe mir nie eine Schwäche anmerken lassen. Fortan hatte ich Angst, etwas falsch zu machen und pleitezugehen.« Energisch baut sie den Betrieb in der Charlottenburger Knobelsdorffstraße zu einem der größten Autohäuser Berlins aus, mit Filialen in Steglitz und Mitte. Sie heiratet und zieht zwei Kinder groß, unternehmerisch gibt's mal große Verluste und in der Bankenkrise 2008 droht gar eine Insolvenz. Das alles meistert sie ohne männlichen Beistand und behält das letzte Wort.

Vom Berliner Stadtring aus konnte jeder das Erkennungszeichen der Firma im Stil der 1920er Jahre sehen: Eine elegante Frau, mit Rennfahrerkappe und Schutzbrille, dreht sich lächelnd zum Betrachter. Nobelpreisträger John Updike hat in seinen *Rabbit*-Romanen Tristesse und Verantwortung beschrieben, die es mit sich bringen kann, wenn man ein Autohaus führt. Die Fahrzeuge müssen vorfinanziert werden und binden damit viel Kapital, bei neuen Modellen besteht immer die Sorge, ob die Kunden sie annehmen werden. Und dann gibt es noch die Fürsorgepflicht für die Mitarbeiter; bei Hetzer sind viele schon lange dabei. Von ihrer Verantwortung reden Unternehmer gern. Das ist ein wenig wohlfeil, denn immerhin arbeiten die Mitarbeiter hart für ihr Geld. Doch die Last des finanziellen und sozialen Risikos kennt Heidi Hetzer gut. 2006 wird die Bürde so groß, dass sie mit dem Gedanken spielt, sich das Leben zu nehmen. Das gepachtete Grundstück mit der einzigen Zufahrt zum Autohaus steht zum Verkauf, und es gibt bereits einen Interessenten. »Ich wollte vom Balkon springen. Es ging um das Wichtigste, was ich besitze, um den Verlust der Ehre.« Sie kann den Untergang abwenden, indem sie für viel Geld das Grundstück erwirbt. »Ich hatte keine persönlichen Wünsche, wollte nur Miete und Mitarbeiter bezahlen. Dann würden meine Kinder eben nichts erben.«

»Irgendjemand muss einer von uns die Möglichkeit geben, um zu beweisen, dass es möglich ist, sich mit den Männern auf der Rennstrecke zu messen.«

Formel-1-Rennfahrerin Susie Wolff

Wegen ihrer spektakulären Rennen ist sie stadtbekannt, zudem nutzt sie jede Gelegenheit bei Presse und Fernsehen, den Namen des Hauses ins Spiel zu bringen. Bevorzugt engagiert sie sich großzügig für soziale Zwecke, dabei kleidet sie sich meist in den Farben der Hausmarke, in Gelb. Ob sie das gern tut, ist eine andere Frage, darum geht

Autorennen für Damen im französischen Montlhéry, 1933

es auch nicht, es muss eben sein. Da ist sie mit Pflichtbewusstsein und Disziplin ganz Preußin und erst recht Berlinerin, die schlagfertig sagt, was Sache ist. Dass sie dabei auch aneckt und verletzt, nimmt sie in Kauf, die Leute mögen sie trotzdem.

Über mehr als vier Jahrzehnte führt sie autokratisch ihre Häuser, bis ins Jahr 2012. Dann verkauft sie das Unternehmen. Ihre Kinder wollen nicht übernehmen, und sie will noch mal was anderes machen – auf Weltreise gehen. Wie ihr großes Vorbild Clärenore Stinnes, die mit 26 Jahren von 1927 bis 1929 als erster Mensch automobil die Welt umrundete. Schon der Vater hatte damals von dieser Frau geschwärmt. Tatsächlich gibt es viele Parallelen zwischen den beiden. Die Tochter des Stahlbarons Hugo Stinnes, erste deutsche Rallye-Fahrerin, war ebenso schlank und klein, sie arbeitete auch als Sekretärin des Vaters und wollte früh auf eigenen Beinen stehen, indem sie sich 23-jährig mit einer Handelsgesellschaft selbständig machte – und ebenfalls pleiteging. Sie war wie Hetzer eine leidenschaftliche Rennfahrerin, ist mit Blech und Stahl groß geworden. Und beide Frauen haben einen eisernen Willen und Durchhaltevermögen.

Clärenore Stinnes überquerte den zugefrorenen Baikalsee in Sibirien (vor ihren Augen versinkt ein Pferdewagen im Eis), entkam marodierenden Chinesen in der Mongolei, durchquerte die Wüste Gobi, setzte mit dem Schiff nach Japan über, sprengte sich in den Anden den Weg frei und fuhr weiter über Hawaii nach Nordamerika. Von New York aus ging es zurück nach Europa, nach knapp 47.000 Kilometern erreichte sie am 24. Juni 1929 Berlin und wurde begeistert begrüßt. Damals wurde sie oft gefragt, warum sie die strapaziöse und gefährliche Reise überhaupt auf sich nahm, sie sei doch vermögend und hätte im väterlichen Unternehmen einer interessanten Arbeit nachgehen können. Frau Stinnes Antwort war stets dieselbe: »Ich möchte die Welt aus eigener Anschauung erleben.«

»Keine Männer, keine Probleme.« Heidi Hetzer

Heidi Hetzer bestreitet die Weltreise auf den Spuren Clärenores mit einem Oldtimer, einem Hudson Great Eight, Baujahr 1930. »Für mich ist es sicherlich die letzte Reise in meinem Leben.« Gerne wäre sie mit einem Opel Regent losgedüst, doch alle dreißig jemals gebauten Fahrzeuge wurden damals nach der Übernahme von Opel durch

GM verschrottet – wegen einer möglichen zu großen Konkurrenz für die eigenen Modelle. Heidi Hetzer ist genau dreimal so alt wie ihr Vorbild, als sie im Juli 2014 in Berlin aufbricht. Die zweijährige Weltreise geht über Asien, Ozeanien, über die beiden Amerikas und Südafrika. Man braucht einen fähigen Beifahrer, das weiß Hetzer, sie hat einige ausprobiert: »Die meisten sind schlecht.« Zwei mitgereiste Männer stiegen nach wenigen Kilometern wieder aus, über die genauen Gründe wird Stillschweigen bewahrt. Clärenore Stinnes hatte damals gleich drei männliche Begleiter, zwei Techniker und einen Fotografen, Carl-Axel Söderström. Söderström hielt durch, ließ sich nach der abenteuerlichen Reise von seiner Frau scheiden
und heiratete 1930 Clärenore.

»Jedes Mädchen kann das. Wenn sie will«, sagt Heidi Hetzer und ist wie Clärenore Stinnes davon überzeugt, dass Frauen den Männern nicht nachstehen.

Schöffel

Gerlinde Kaltenbrunner (*1970)

Cordée féminine – Frauenseilschaft

Der Beginn der Bergsteigerei wird gemeinhin mit der Erstbegehung des Mont Ventoux durch Francesco Petrarca im Jahr 1336 datiert. Der Dichter gilt als Begründer des Alpinismus – und des Humanismus. Letzteres hat sicherlich mit dem besonderen Erlebnis zu tun, von dem Bergsteiger immer wieder berichten. Dass man seine Grenzen erkenne, Gott nah sei oder andere quasireligiöse Erfahrungen mache. Das Erklimmen des Mont Ventoux wird gar als kulturhistorischer Übergang vom Mittelalter zur Neuzeit gesehen. Petrarca: »Und es gehen die Menschen hin, zu bestaunen die Höhen der Berge, die ungeheuren Fluten des Meeres, die breit dahinfließenden Ströme, die Weite des Ozeans und die Bahnen der Gestirne und vergessen darüber sich selbst.«

Seither hat sich viel getan. Inzwischen wird auch frei oder nackt geklettert, allein oder in Gruppen, in immer höheren Schwierigkeitsgraden und immer schneller. Hippies, Manager und Sonderlinge besteigen die Berge. Klettern ist Männlichkeitsritual, Natur- oder Erweckungserlebnis, Grenzerfahrung, Angstbewältigung und Disziplinierung.

Sport oder Selbsterfahrung – für Frauen war Bergsteigen lange Zeit tabu. Es galt als anstößig, wenn Frauen Berge allein nur mit einem Bergführer bestiegen. Eine der wohl ersten führerlosen *cordée féminine* (Frauenseilschaft) ohne männlichen Begleiter bestand aus Elizabeth Burnaby-Main-Le-Blond und Evelyn McDonnel; sie überschritten 1898 den Piz Palü.

Einer der besten Extrembergsteigerinnen, Gerlinde Kaltenbrunner, geht es beim Klettern um das Erlebnis inmitten einer großartigen Natur. »Die Momente dort oben in den Bergen geben mir so viel Energie zurück. Sie sind es, die mir in Erinnerung bleiben, sie treiben mich an, wieder aufzubrechen. Weil ich mich da ganz intensiv spüre,

Bergsteigerinnen klettern an der Großen Zinne
in den Dolomiten

ganz bei mir bin.« Ganz bei sich – das ist sie in den ruhigen Momenten, in denen sie sich völlig entspannen kann, zum Beispiel, wenn sie in ihrem Kocher Schnee schmilzt und alles um sich herum aufnehmen kann. Entspannt ist sie auch, wenn sie in eine schwierige Route wie in die Česen-Route am K2 einsteigt und »völlig auf das Klettern konzentriert« ist.

»Die Berge strahlen so eine Kraft und Wucht aus.« Gerlinde Kaltenbrunner

Gerlinde Kaltenbrunner wurde am 13. Dezember 1970 im oberösterreichischen Kirchdorf an der Krems geboren, als zweitjüngstes von sechs Geschwistern. Schon als Kind streifte sie mit der katholischen Kindergruppe durch die heimischen Berge wie den Großen Hengst und Großen Bösenstein, dem Dreistecken oder den Niederen Tauern rund um Spital am Pyhrn. »Das Jungscharlager war der Höhepunkt des Jahres für mich. Heimweh kannte ich nicht.« Pfarrer Tischler brachte dem Nachwuchs Grundsätzliches bei: »Dass ein guter Bergsteiger sich auf jeden Schritt konzentriert, die Gruppe sich nach dem Schwächsten richtet und man beieinander bleibt und aufeinander wartet.« Im Winter ging's auf Skitouren, im Frühjahr rutschte die Schar auf Firngleitern Schneerinnen hinab. Mit 13 Jahren – sie besuchte noch die Skihauptschule Windischgarsten – bricht Gerlinde dann zu ihrer ersten Klettertour am heimischen Sturzhahn auf. Sie ist so begeistert, dass sie bald ›richtig‹ klettern will, »mit Seil, Karabinern und allem, was dazugehört«. Und obwohl sie zu den besten Skifahrerinnen Oberösterreichs gehört, gibt sie diesen Sport auf; auch weil ihr die Konkurrenzsituation nicht behagt. Nach einer Übung im Klettergarten mit Seillängen im vierten Grad (große Schwierigkeit) geht sie dann im Nachstieg mit ihrem Freund Siegfried auf den Kalbling im Gesäuse. Von ihm lernt sie, sich im alpinen Gelände sicher zu bewegen, »wie man Klemmkeile und Friends (mobile Sicherungsmittel) legt, Expressschlingen einhängt und einen Standplatz baut, wenn man keine Haken vorfindet«. Bald spurt sie auch, das heißt, sie geht voran und klettert im Vorstieg, der körperlich und geistig anspruchsvolleren Art der Begehung. In den Dolomiten sind die beiden jeden Tag auf einer anderen Tour unterwegs, nachmittags fahren sie noch eine Runde auf den Mountainbikes. Sie teilen dieselbe Leidenschaft.

Während ihrer Ausbildung zur Krankenschwester in Wien nutzt Kaltenbrunner jede Gelegenheit zu Ski-, Berg- und Eisklettertouren. Das kraftaufwendige Klettern im Eis, in gefrorenen Wasserfällen, macht ihr besonderen Spaß. Am Klang beim Einschlagen der Eisgeräte erkennt sie, wie gut sie sitzen. Sie übt Eisschrauben zu setzen und Eissanduhren zu bohren, um Fixpunkte zu schaffen. An der Nordwand des Matterhorns absolviert sie ihre klettertechnische Meisterprüfung.

1994 besteigt die 23-Jährige schließlich ihren ersten Achttausender, den Vorgipfel des Broad Peak in Pakistan. Zur körperlichen Ertüchtigung hatte sie täglich achtzig Kilometer mit dem Rad zur Arbeit zurückgelegt und auch im Winter bei offenem Fenster geschlafen. Während dieser Begehung erlebt sie erstmals, wie nah der Tod in den Bergen ist. Ein Alpinist stirbt an einem Lungenödem, das leicht in großen Höhen auftreten kann, ein zweiter stürzt ab – er war einfach mit profillosen Innenschuhen aus dem Zelt getreten und ausgerutscht. Kaltenbrunner ist schockiert, doch die Faszination überwiegt, zumal Sorgfalt und Disziplin die Unglücke wohl verhindert hätten. Der

Todesgefahr begegnet sie persönlich, als sie am Dhaulagiri von einem Schneebrett verschüttet wird. Sie liegt im Zelt, als sie die Lawine trifft, wird mitgerissen und verschüttet, kann aber in einem kleinen Hohlraum atmen und sich schließlich befreien. »Ich kam an mein Messer heran, schlitzte die Zeltplane auf und grub mich frei.« Danach sucht sie zwei spanische Bergsteiger, die auch verschüttet worden sind. »Nach zwei Stunden hatte ich sie freigeschaufelt. Aber es war zu spät.«

Auf die Expedition zum Broad Peak hatte sie sich über ein Jahr lang vorbereitet, Zeit und Geld geopfert. Nach der Gipfelerstürmung empfand sie eine große Leere. Zurück in der Zivilisation wirkte das Streben nach Wohlstand und Status befremdlich auf sie, ihren ohnehin bescheidenen Lebensstil schränkte sie weiter ein. Der Abstieg ins alte Leben fiel ihr schwer. Doch die Idee, in Pakistan als Krankenschwester tätig zu werden, baute sie auf. Bedarf gab es genug, das hatte sie ja gesehen. Doch in dem armen muslimischen Land allein als Frau zu leben oder gar arbeiten zu gehen war illusorisch und ihr Traum zerplatzte.

Bevor sie eine Dekade später schließlich Profibergsteigerin wurde, musste sie als Krankenschwester noch etliche Dienste verlegen und zusätzliche Schichten schieben, um Zeit und Geld anzusparen – für Expeditionen in den Himalaja, ins Karakorumgebirge und 2003 schließlich auf den Nanga Parbat, den sogenannten ›Schicksalsberg der Deutschen‹. Bis dahin hatte sie sich stets einem Expeditionsleiter untergeordnet und so 1998 den Cho Oyu, 2000 den Zentralgipfel des Shisha Pangma sowie 2001 den Makalu bezwungen. Ein Jahr später bei der Besteigung des Manaslu lernte sie im Basislager ihren späteren Ehemann kennen, den Bergsteiger Ralf Dujmovits. Der hatte sie erlebt, wie sie am Berg im Tiefschnee mit knapp zwanzig Kilo Gepäck Spuren zog, und war beeindruckt. Nun stiegen sie gemeinsam auf die Berge und von nun an führte auch Kaltenbrunner Expeditionen an.

»Ich fühle eine demütige Freude, eine tiefe Erfüllung, dort oben stehen zu dürfen.« Gerlinde Kaltenbrunner

Der K2 ist der höchste Berg im Karakorum, er markiert die Grenze zwischen China und Pakistan. Mit der Begehung des Qogir, wie die Chinesen ihn nennen, hat Kaltenbrunner 2011 ihr großes Ziel erreicht – die Besteigung sämtlicher Achttausender. Sie ist die erste Frau, die das ohne Sauerstoffgeräte schaffte.

Die Eroberung der höchsten Berge der Welt begann erst nach dem Zweiten Weltkrieg. Frauen waren von Anfang an dabei, doch scheiterten sie öfter. Und Scheitern bedeutete oft Sterben. Dass die »Hochgebirgsamazonen« es den Männern nur zeigen wollten, so der Tenor – dafür hatte man kein Verständnis. Und wenn sie Kinder zurückließen, wurde ihnen das im Gegensatz zu den Männern nicht verziehen.

Es gibt noch immer wenige Frauen in der Bergsteigerei und die wenigen bleiben eher im Verborgenen. Vielleicht, so Kaltenbrunner, liegt es daran, »dass Männer eher dazu neigen, sich in der Öffentlichkeit darzustellen und ihre Leistungen herauszustreichen. Ich glaube auch, dass es Frauen leichter fällt umzukehren. Frauen hören mehr auf ihren Körper und achten viel stärker auf die Signale, die er ihnen gibt.«

Laura Dekker (*1995)

Maidentrip

Die See ist ein unwirtlicher Ort, der vornehmlich von Männern besucht wird, die entweder nichts zu verlieren haben oder hart im Nehmen sind. Davon zeugt auch die Seemannssprache. Man schlägt hohe Wellen, bekommt einen vor den Bug, wird herumbugsiert oder ausgebootet, erleidet Schiffbruch.

Der Umgangston auf See ist rau, das Essen schlecht und die Strafen sind drakonisch – man denke nur an das meist tödliche Kielholen. Frauen haben hier, unter Piraten und Kaperern, Riesenkraken und Walen, auf Seelenverkäufern und Geisterschiffen, bis auf wenige Ausnahmen, nichts verloren.

Die menschliche Natur ist schon eine praktische Einrichtung. Ihre Libido hängt sich an Dinge, die sie umgeben. So war es auch im Fall der Niederländerin Laura Dekker. Als sie 1995 im neuseeländischen Whangarei geboren wurde, befanden sich ihre Eltern gerade auf großer Segeltour. Laura wuchs auf dem Segelboot auf – mit dem Geruch, den Geräuschen und dem Geschaukel auf See. Diese Bindung zum Meer und zu Booten war prägend.

Als Kind malte Laura Schiffe oder bastelte Flöße, Hauptsache, es hatte was mit Wasser zu tun. Und irgendwas mit Wasser will sie auch mal beruflich machen, denn das Leben an Land ist nichts für sie: »Ich habe nur ein Jahr lang in einem wirklichen Haus gewohnt. Ein Haus fühlt sich für mich an wie ein Gefängnis, ich fühle mich eingesperrt.«

Laura ist sechs Jahre alt, als die Weltumseglung der Eltern zu Ende geht – wie auch deren Ehe. Laura bleibt beim niederländischen Vater Dick, der ebenso segelbegeistert ist wie sie, ihre jüngere Schwester Kim bei der deutschen Mutter Barbara. Zu ihrem sechsten Geburtstag bekommt sie einen Optimisten geschenkt, eine Jolle für Kinder, zwei Jahre später eine Mirror. Mit ihren acht Jahren segelt sie bei Wettkämpfen in der Jugendklasse mit. Das wird ihr bald zu fad, weil sie dauernd gewinnt, daher macht sie bei den Erwachsenen mit.

Eine Hurley 700 liegt lange ungenutzt im Hafen. Kurzentschlossen fragt sie den Eigner, ob sie mal allein damit segeln dürfe. Sie darf. Mit dem gemäßigten Langkieler macht sie ihren ersten Solotörn, übers Ijsselmeer. Mit elf kauft Laura ihr erstes eigenes Boot. Vater bezahlt die Hälfte. Die andere Hälfte treibt Laura auf, indem sie Zeitungen austrägt, als Putzfrau oder Verkäuferin arbeitet und mit dem Einrad Kunststücke vorführt. Mit 13 macht sie eine Solotour nach England, und nun tauchen erstmals Probleme auf. Nach ein paar Tagen wird sie von Polizisten besucht. Nachbarn in den Niederlanden hatten sie verständigt. Die fanden es gar nicht gut, dass ein junges Mädchen ohne Begleitung nach England segelte. Die Ordnungshüter bestehen darauf, dass der Vater seiner Aufsichtsplicht nachkommt und seine Tochter abholt. Der Vater fährt tatsächlich nach England, lässt aber seine Tochter allein zurücksegeln. Nun sind ihr das Jugendamt und bald auch der niederländische Geheimdienst AIVD auf den Fersen.

Das zierliche Mädchen mit dünnen Armen und blonden Haaren beschließt, allein die Welt zu umsegeln. Ihr Vater ersteht eine Hurley 800, gemeinsam beschaffen sie Sponsoren: diverse Ausrüster, einen Fernsehsender und eine Telefongesellschaft. Als Dick Dekker seine Tochter von der Schule abmeldet, alarmiert die Direktorin das Jugendamt. Monatelang streiten sich Anwälte, der Zoll, Richter, Pädagogen, Psychologen und sogar die Eltern, ob das überhaupt erlaubt ist: ein Kind allein auf Großer Fahrt. Denn immerhin ist Hochseesegeln ein gefährlicher Sport, Gefahren lauern von Mensch und Tier, Natur und Technik. Das Jugendamt versucht die Fahrt zu verhindern, um das Kindeswohl nicht zu gefährden, das Sorgerecht der Eltern wird eingeschränkt, ein Vormund bestellt. Laura: »Der Vormund verstand nichts von Booten und vom Segeln. Eigentlich hofften wir, dass er irgendwann zwischen Kai und Boot landen würde.«

Jugendschutz und Schulpflicht sind erkämpfte zivilisatorische Errungenschaften, doch der Entwicklung eines Individuums können sie entgegenstehen, eine heikle Abwägung. Auch die Mutter will nicht, dass die 14-Jährige davonsegelt: »Lieber eine lebende Tochter, die mich nicht wiedersehen möchte, als eine tote Tochter.« Der Vater hingegen, ein Bootsbauer und Weltumsegler, will das Gör ziehen lassen. Ein erfahrener Hochseesegler und eine Psychologin bescheinigen dem Kind, dass es zum Hochseesegeln befähigt ist. Sie agiere wie eine Erwachsene, sagt der Mann. Sie komme mit der Einsamkeit auf See gut klar. »Laura ist selbstgenügsam und ruht in sich selbst«, heißt es. Und sie ist selbstbewusst. Wenn mal der Bordmotor ausfällt, bleibt sie entspannt: »Keine Sorge, passiert öfter mal, das kriege ich wieder hin.«

Die Beurteilungen ihrer Person werden nicht freiwillig gemacht, es sind Gutachten, die vom Gericht in Auftrag gegeben wurden. Polizisten und Beamte des Zolls schaffen es mehrmals, sie am Auslaufen zu hindern, einmal wird sie gar in die Psychiatrie eingewiesen. Von einem vermeintlichen Mäzen, der sich anerbietet, ihre Hurley auf Vordermann zu bringen, wird sie reingelegt. Vertrauensvoll liefert sie das Boot in der Werft ab. Doch als sie es abholen will, ist das Boot verschwunden. Es stellte sich heraus, dass der Sponsor kein Sponsor war, sondern mit dem Jugendamt und den Behörden zusammenarbeitete.

Guppy
Guppy

»Mein Boot war weg, aber mein Traum nicht. Ich beschloss, meinen eigenen Weg zu gehen.«

Laura muss gegen unehrliche korrupte Behörden kämpfen. Auf dem Höhepunkt des Konflikts unternimmt Laura gar einen Suizidversuch. Die Verdrießlichkeiten dauern etwa ein Jahr. Nun muss ein neues Boot her. Die Familie legt ihre Ersparnisse für die Jeanneau Gin Fizz zusammen, eine 33 Jahre alte Ketsch, ein Zweimaster. Viele Monate lang arbeitet Laura mit ihrem Vater an dem Boot, um es wieder flott zu machen. »Dass ich jeden Tag zwölf Kilometer zur Schule radeln musste, fand ich nicht schlimm, wenn ich nur an meinem Traum arbeiten konnte.«

Mit den Auflagen, das Boot mit modernem Gerät auszurüsten, einen Erste-Hilfe-Kurs zu absolvieren und der Schulpflicht nachzukommen, darf Laura schließlich in See stechen. ›Guppy‹ ist ein knallroter Langstreckensegler, knapp zwölf Meter lang und vier Meter breit. Er taucht tief und ist daher nicht besonders schnell, dafür aber stabil und einfach zu segeln, weil er mehrere kleine Segel besitzt. Auf den Bug hat Laura zwei Fische gemalt, die einander die Zunge zeigen. Obgleich die Ketsch mit einer Selbststeueranlage ausgestattet ist, darf Laura stets nur zwanzig bis vierzig Minuten am Stück schlafen, um bei Gefahr auf dem Posten zu stehen.

»Das wirklich Nervige sind Flauten.«
Laura Dekker

Die Weltumseglung startet – einen Monat vor ihrem 15. Geburtstag – am 21. August 2010 von der britischen Insel Gibraltar. Laura hat eine Route markiert, die Piratengebiete meidet und Sturmgebiete wie das Kap Hoorn und das Kap der Guten Hoffnung umschifft. Gleichwohl kann das Boot leckschlagen, der Mast brechen, die Navigation versagen und die Nussschale mit einem Schiff, Container oder gar einem Wal kollidieren. Laura hat ganz andere Sorgen. Flauten zum Beispiel. Dann ist sie ausgeliefert, sie kann nichts bewegen, muss sich hingeben. »An solchen Tagen bin ich ganz krank.« Das Zeilmeisje, Segelmädchen, wie Laura in den Niederlanden liebevoll genannt wird, liest dann, spielt Gitarre oder macht Schulaufgaben, die sie per E-Mail an die niederländische ›Weltschule‹ schickt – im Ausland lebende Landeskinder werden hier aus der Ferne unterrichtet. Tatsächlich sind Flautentage gefährlicher als Sturmtage, denn das Trinkwasser kann zur Neige gehen. Doch Laura hat auf See noch nie Angst verspürt, im Gegenteil, »nur Glück«. Die Fahrt geht über die Kanarischen Inseln, den Panamakanal, Tahiti, Fidschi, Kapstadt und endet am 21. Januar 2012 an der niederländischen Karibikinsel Sint Maarten. Dekker legt 27.000 Seemeilen zurück und kreuzt dabei alle geografischen Längen. Natürlich überkommen sie auch Heimweh, Einsamkeit und Zweifel: »Es gab zwei oder drei Momente, in denen ich gedacht habe: ›Warum zur Hölle mache ich das?‹« Als das Geld ausgeht, hilft Oma Dekker mit einer Spendenaktion. Doch gegen all die Probleme, die sie vor ihrer Weltumsegelung an Land hatte, ist das alles ein Klacks. Mit 16 Jahren ist sie die jüngste Weltumseglerin und zugleich Solo-Seglerin, die je den Atlantik überquerte. Während des Meilentörns schreibt sie einen Blog, regelmäßige Zeitungskolumnen und ein Buch. Es entsteht auch ein Dokumentarfilm – *Maidentrip*. Eine offizielle Auszeichnung erhält sie nicht, auch keinen Eintrag ins Guinnessbuch. Der internationale Rat für Segelrekorde und die Brauerei haben die Kategorie ›Jüngste Weltumseglerin‹ gestrichen – wegen Nachahmung einfach zu gefährlich.

Laura Dekker ist inzwischen volljährig und lebt mit ihrem Freund auf der Guppy in Neuseeland. Sie streicht noch nicht die Segel, denn sie will sich mit allen Wassern waschen, sprich: sie muss noch alle sieben Weltmeere überqueren. Sie plant, Kap Hoorn zu umfahren – den größten Schiffsfriedhof der Welt.

DERBYSTAR
hr3
truphone
www.volkswagen-frankfurt.de
DERBYSTAR

Birgit Prinz (*1977)

Kick it like Prinz

Sie war Weltfußballerin der Jahre 2003, 2004 und 2005. Sie war bis 2011 Rekordtorschützin bei Weltmeisterschaften und bis 2012 Rekordtorschützin bei Olympischen Spielen. Sie erhielt bei der WM 2003 den Goldenen Ball als beste Spielerin des Turniers. Sie wurde mit dem Hessischen Verdienstorden am Bande ausgezeichnet. Sie ist Fifa-Botschafterin für den Frauenfußball. Birgit Prinz ist eine Siegerin.

Die Sportart, in der sich die Frankfurterin schon als knapp 16-Jährige engagiert hat, ist in Deutschland relativ jung. Noch 1955 erklärte der Deutsche Fußball-Bund (DFB), Fußball sei kein Sport für Frauen, und erließ ein Verbot, was die Aufstellung von weiblichen Teams und die Platznutzung innerhalb des Dachverbandes betraf. Es gab eine Vorgeschichte aus den 1930er Jahren. Damals hatten sich begeisterte Kickerinnen zum »Deutschen Damen Fußball-Club« zusammengefunden, doch es war ihrem Sportverein kein langes Leben beschieden. Wie auch im Nachkriegsdeutschland waren es die Männer, die ihre Domäne verteidigten und keine weibliche Konkurrenz wünschten. Im Ausland sah es etwas besser aus. In England, Frankreich und Skandinavien besaßen Fußballerinnen größere Freiheiten, genossen eine gewisse Anerkennung, aber sie hatten auch dort fortwährend mit Widerständen vonseiten männlicher Clubs und Sportfunktionäre zu rechnen. Nach der Machtergreifung der Nazis war es dann in Deutschland ganz aus mit dem Frauenfußball.

Man erinnere sich: 1954 wurde Deutschland Weltmeister. Der Enthusiasmus für den Ballsport wuchs. Besonders im Ruhrgebiet griff das Fußballfieber um sich, es steckte auch die Frauen an. »Damenclubs« – die Frauen nannte ihre Vereine anfangs selbst so – sprossen allenthalben aus dem Boden. Da entschloss sich der DFB, dem »unweiblichen« Kicken entgegenzutreten. Er berief sich dabei auf den holländischen Psychologen Frederik Buytendijk, der gesundheitliche

Schäden für Spielerinnen befürchtete. Schließlich sei es kein Zufall, dass Frauen Röcke trügen. Daran sehe man schon, dass das Spreizen der Beine zum Zwecke des Zutretens unweiblich sei. »Das Treten ist wohl spezifisch männlich, ob darum Getretenwerden weiblich ist, lasse ich dahingestellt.« Außerhalb des DFB aber ging das fußballerische Treiben der Weiber munter weiter, es gab Wettkämpfe und Länderspiele und ein geteiltes Publikum, das einerseits mit Respekt und Bewunderung, andererseits mit Hohn und Spott reagierte. Der DFB

Damenfußball in den Dreißigerjahren

verurteilte die inoffiziellen Turniere der Frauen als »Zirkusvorstellungen« und gab vor, mit seinen Verboten die Sportlerinnen vor Gesundheitsschäden und Schmähungen in Schutz nehmen zu wollen. Dennoch: Schätzungen zufolge kickten damals in Deutschland rund 60.000 Frauen.

Es kam das Jahr 1968 mit den Weiberräten und dem verbreiteten Zweifel daran, dass die Herren da oben immer im Recht seien. Die Fußballfunktionäre fürchteten, dass die Frauen ihren eigenen großen Laden aufmachen könnten, und verkündeten die Aufhebung ihres Verbots im Jahre 1970. Einige Sonderregeln sprechen davon, wie verbreitet die Vorstellung des körperlich ach so zarten und schutzwürdigen weiblichen Geschlechtes noch war. So sollte im Frauenfußball beim Abfangen des Balles mit dem Oberkörper die Hand benutzt werden dürfen, damit der Busen nicht verletzt würde. Der Ball sollte kleiner sein und die Spielzeit kürzer. Diese Bestimmungen gehören zu den alten Zöpfen vom Schlage der obsoleten »Ritterlichkeit« und des In-den-Mantel-Helfens, die von den Frauen damals in großen Teilen der Welt nur noch mit Unmut quittiert wurden. Aber die entscheidenden Schritte für einen regulären Frauenfußball waren nun getan. Es bildeten sich Vereine und Landesverbände, es entstand eine Bundesliga. Zu den Spitzenvereinen gehörten der TSV Siegen, SSG Bergisch-Gladbach, Grün-Weiß Brauweiler und der FSV Frankfurt. Hier kickte Birgit Prinz.

»Die Jungs sind auch nicht besser als ich.« Birgit Prinz

Die ausgebildete Physiotherapeutin und Diplompsychologin hatte schon als Kind Fußball gespielt – mit Jungs. Jetzt spielte sie mit Frauen und überzeugte – zusammen mit Sandra Smisek – als Stürmerin. Man nennt das unaufhaltsame Duo »Keks und Krümel«. Der »Krümel«, das ist Sandra, da recht klein gewachsen, während »Keks«, die große Birgit, fast 1 Meter 80 misst. Weitere glänzende Mitspielerinnen: Sandra Minnert und Katja Bornschein. Höhepunkte in der frühen Laufbahn der »Fußballgöttinnen vom Main« sind drei Meistertitel – zuletzt 1998 – in der Bundesliga. Trainerin Monica Staab hebt jetzt einen neuen Verein aus der Taufe: den 1. FFC Frankfurt, in dem neben Prinz die Spitzenspielerinnen Doris Fitschen, Claudia Müller, Steffi Jones, Nia Künzer und Renate Lingor ihr Können zeigen. Der Verein wird

zwischen 1999 und 2003 fünfmal Pokalsieger und damit die unangefochtene Nummer Eins.

Schließlich ging es über die nationalen Grenzen hinaus. Der Women's Cup, Vorläufer der Champions League, wurde in der Saison 2001/2002 erstmals ausgespielt. Wieder stürmen die Frankfurterinnen voran. Das Endspiel wird an ihrem Heimatort ausgetragen, Birgit Prinz schießt das Siegtor gegen die Schwedinnen von Umea IK. 12.000 Zuschauer feuern ihre Spielerinnen an. Beim nächsten Mal scheiden die Erfolgsverwöhnten im Halbfinale aus. Die deutsche Meisterschaft geht an Turbine Potsdam, die auch den Europa-Pokal gewinnt. Aber in den folgenden Jahren wendet sich das Blatt erneut. 2006 ist es neben Steffi Jones und Renate Lingor wieder Birgit Prinz, die im Women's Cup den Sieg für Frankfurt sichert. Die Mittelstürmerin hat sich inzwischen zu einem großen Fußballstar entwickelt, alle bewundern ihre Kraft und Schnelligkeit. Sie ist eine landesweite Berühmtheit und nach ihren großen Leistungen als Nationalspielerin – Deutschland holte den Weltmeister-Titel 2003 und 2007 – kennt die ganze Welt Birgit Prinz.

Wie ging sie selbst mit dem Ruhm um? Er bedeutete ihr offenbar nicht viel. Sie wolle siegen, hatte sie gesagt, und danach nach Hause gehen und ihre Ruhe haben. Dem Medienrummel begegnete sie mit Skepsis, ihr Privatleben schottete sie ab. Das äußerst ungewöhnliche Angebot eines italienischen Männervereins, des AC Perugia, bei ihm einzusteigen, lehnte sie ab – sie fürchtete die mediale Neugier, wollte nicht zur Exotin werden, die dann doch nur auf der Reservebank rumsitzt. Der spanische Verein Real Madrid fragte an, ob er sie für den Aufbau eines eigenen Frauenteams verpflichten könne. Aber auch dazu war sie nicht bereit. Stattdessen bestritt sie im Oktober 2006 ihr 154. Länderspiel, gegen England, und schoss dort ihr hundertstes Tor für die Nationalmannschaft. Das hatte vor ihr noch keine Spielerin geschafft.

Wie verarbeitet eine Siegerin die Niederlage? Irgendwann ist es ja so weit, und die spielerische Präsenz und die Kraft lassen nach. Während der WM 2011 wurde die Kapitänin Prinz zweimal ausgewechselt, zuerst beim Auftaktspiel gegen Kanada, danach beim Vorrundenspiel gegen Nigeria.

»Sie stapfte sichtbar wütend vom Platz«, hieß es in der *Süddeutschen Zeitung*. Aber sie konnte Trainerin Silvia Neid letztlich nichts vorwerfen, denn sie selbst war mit ihrer Leistung unzufrieden. Die Fußballgöttin ging in sich. Das konnte sie gut. Erst verkündete sie ihren Rücktritt aus der Nationalmannschaft, danach das Ende ihrer Vereinskarriere. »Fußball ist eine der größten Leidenschaften in meinem Leben, deshalb ist es mir schwer gefallen, das Kapitel zu beenden. Aber es ist eine bewusste und gut überlegte Entscheidung«, sagte sie. Und sie fügte hinzu: »Ich hatte eine Superzeit!«

Dass Prinz ihre Laufbahn auf der Reservebank beenden musste, wurde von der ihr gewogenen Presse bedauert – es ist schade, aber unwichtig im Angesicht ihrer Erfolge und Rekorde. Was sie – neben vielen anderen Fußballspielerinnen und Trainerinnen – für eine grundlegende Reform des Frauenbildes in unserer Gesellschaft getan hat, danach fragt in der Sportberichterstattung keiner. Aber es ist das historisch gesehen enorme Verdienst dieser großartigen Sportlerin. Als sie antrat – buchstäblich mit dem ersten Ball als Kind unter lauter Jungs – galten Frauen noch als Wesen, denen körperliche Aggressivität und Kampfeslust fern lag. Als sie aufhörte, war diese Überzeugung erschüttert, das Bild für immer verändert. Das neue Frauenbild schließt Birgit Prinz ein, die einen Pokal hochhält und dabei eine Freude und einen Stolz ausstrahlt, die körperlich und weiblich sind.

HEAD QUAR
4TH RADNORSHIRE HOWI
R. F. A

Frauen-Fußballmannschaft aus dem walisischen Swansea, 1921

Rola El-Halabi (*1985)

Das Stehauf-Mädchen

HAMMER

Boxen, na klar, das ist ein Männersport. Dafür braucht man Kraft und Beweglichkeit, Härte gegen sich selbst und den Gegner, und man muss Schmerz und Angst überwinden. Einem Mann steht es vielleicht gut zu Gesicht, wenn Blessuren Spuren hinterlassen – aber einer Frau? Dem schwachen Geschlecht wird der Boxsport erst spät zugänglich gemacht. In den USA gab es seit 1977 offiziell Frauenboxen, Frauen in Deutschland ist der Faustkampf als sportlicher Wettbewerb erst seit 1985 erlaubt. Das heißt jedoch nicht, dass Frauen nicht schon vorher die Männerdomäne eroberten. Vicki Baum und Marlene Dietrich zum Beispiel gingen in den Zwanzigerjahren ins Boxstudio, um sich fit zu machen.

Noch in den 1990er Jahre sträubten sich weltweit die meisten Boxverbände, Frauen aufzunehmen, und erst recht, sie in den Ring steigen zu lassen – als Kämpferin wohlgemerkt, nicht als Nummerngirl.

Aufsehen erregte im Jahr 2001 in Deutschland der Showkampf zwischen Regina Halmich und dem Entertainer Stefan Raab: Die Weltmeisterin im Fliegengewicht dominierte im Ring und brach dem Mann die Nase. Das Frauenboxen erfuhr dadurch einen enormen Aufschwung – und Respekt. Raab, der gern den Angeber gibt, musste geahnt haben, dass er ordentlich Dresche beziehen würde. Er hatte sich trotzdem darauf eingelassen und war hinterher auch noch ein guter Verlierer. Das ist ihm hoch anzurechnen, denn oft erst durch solche direkten Konfrontationen mit einem Mann (siehe auch das Tennisduell Billie Jean King / Bobby Riggs) werden Frauen anders wahrgenommen.

In Deutschland fand die erste Deutsche Frauenmeisterschaft im Jahr 2003 statt, und bei der Sommer-Olympiade 2012 wurden Frauen erstmals zu Boxwettbewerben zugelassen.

»Ich wollte oben im Ring stehen und zeigen, was ich konnte.«

Rola El-Halabi

Rola El-Halabi probierte zunächst viele Sportarten aus, bevor sie das Boxen für sich entdeckte. Schwester Katja hatte ihren Sport, Turnen, bereits gefunden, sie wird es darin zur Weltmeisterin bringen. Eines Tages sagte der Vater – er ist ihr Stiefvater –, der sich selbst im Thaiboxen versuchte, zur achtjährigen Rola: »Komm, probieren wir das mal aus.« Der Trainer, ein Freund des Vaters, war entsetzt. Männern war der Sport erst ab 18 Jahren erlaubt, und im Gym gab es weit und breit keine einzige Frau. Doch der Vater stellte sich hinter seine Tochter: »Lass sie doch einfach mitmachen.« Zu ihrer eigenen Überraschung fand Rola es sofort großartig. Da der Trainer keinerlei Erfahrung mit Kindern hatte, wurde sie wie eine Erwachsene behandelt. »Wenn es hieß ›zwanzig Liegestütze!‹, dann mussten alle zwanzig Liegestütze machen, egal, ob kleines Mädchen oder Bodybuilder.« Hier konnte sie nicht ausgelacht werden. Es gab keine anderen Kinder und Erwachsene machen das üblicherweise nicht. »Ich blieb dran, meckerte nie und heulte erst recht nicht.« Der Trainer schonte sie nicht, im Gegenteil, er wollte testen, wie weit das Mädchen zu gehen bereit war. Auf einem Video aus der Zeit ist zu erkennen, wie Rola kurz davor ist, aufzugeben oder zu schreien – aber sie tut es nicht. Stattdessen ruft sie mit ihrer trotzigen Kinderstimme: »Ha, irgendwann zeige ich das hier dem Jugendamt. Pah!«

Was für die anderen Spaß, ist ihr Ernst. »Ich war immer aufmerksam, extrem hart zu mir selbst, habe nie Quatsch gemacht, denn ich musste ja auch gegen das Vorurteil antreten, dass Mädchen in diesem harten Männersport nichts verloren haben und nichts leisten können.«

Bald wird deutlich, Rola ist eine Rückwärtsboxerin, es fällt ihr schwer, nach vorn zu gehen. Und sie vermeidet den Infight. Die Linksauslegerin vertraut ihrer Beweglichkeit und guten Technik, sie boxt sachlich und intelligent. Und wenn sie mit rechts richtig trifft, ist der Kampf schnell vorbei. Doch es mangelt ihr an Gegnerinnen. Nur bei jeder vierten Boxveranstaltung kann sie auch sie mitmachen.

»Am Ende kennt der Boxer, besser als irgendein anderer Mensch es je von sich weiß, seine körperlichen und psychischen Kräfte – er weiß, wozu er fähig ist und wozu nicht.« Joyce Carol Oates

Rola ist 13 Jahre alt, als sie sich ihrem ersten großen Fight gegen die zehn Jahre ältere Vize-Europameisterin Dagmar Koch stellt. »Wir haben uns gegenseitig durch den Ring gejagt und geprügelt – wir waren auf demselben Niveau. Während dieses Kampfes wurde mir auf einmal klar, warum ich so viel trainiert hatte: um da oben im Ring zu stehen und zu zeigen, was ich konnte. Das Publikum vergaß am Ende zu klatschen, weil alle am Ring völlig baff waren von dem Kampf.«

Die Boxställe werden auf sie aufmerksam, doch das nützt nicht viel. Frauen verdienen im Boxsport sehr viel weniger als Männer, sie kommen kaum über die Runden. »Ich musste immer selbst veranstalten, selbst organisieren und Sponsoren besorgen. Ich hatte nie jemand, der das für mich gemacht hat.« Das finanzielle Risiko beschäftigt Rola meist mehr als der Kampf an sich.

Rola El-Halabi wurde 1985 in Beirut, der Hauptstadt des Libanon, geboren, nach wenigen Monaten floh die Familie vor dem Bürgerkrieg nach Deutschland, nach Ulm. Drei Jahre später verließ ihr leiblicher Vater die Familie – gut für alle Beteiligten, denn er hatte seine Frau und auch die Kinder oft geschlagen.

Rola war ein sensibles und schüchternes Mädchen. Sie wehrte sich nicht und weinte schnell. In der Schule führte dies dazu, dass man sie hänselte und trat; ihre Sachen wurden regelmäßig geklaut oder ihr einfach weggenommen. Zu Hause erzählte sie davon nichts, denn sie schämte sich und hatte Angst. Stiefvater Hicham, ebenfalls Libanese, nahm die Geschwister an Kindes statt an und wurde ihr sozialer, ihr ›richtiger‹ Vater. Als Vormund kümmerte er sich aufopferungsvoll um seine Familie – auch finanziell –, doch auch er rastete ab und an aus und schlug zu. Hinterher tat es ihm leid. Der kleine Bruder wurde

Rola El-Halabi im Kampf gegen die Italienerin Lucia Morelli,
WIBA, WBF & GBU-Weltmeisterschaft, 2013

davon ausgenommen; nicht weil er zu klein, sondern weil er ein Junge war. Vor allem wollte der Vater als Familienoberhaupt die Kontrolle behalten. Schon wegen der Familienehre. Es war seine Art der Fürsorge. Das ging auch viele Jahre leidlich gut, wenngleich sich die schrecklichen Bilder seiner Wutanfälle in Rolas Gedächtnis brannten. Die Mutter fügte sich und verließ so gut wie nie das Haus. Als Rollenvorbild fiel sie damit aus. Die Eltern bestanden aber von Anfang an darauf, dass sich die Kinder integrierten, Deutsch lernten, auch deutsche Freunde hatten und das Abitur machten – was sie auch beherzigten. Im Gegensatz zu ihrer Schwester Katja, die aufbegehrte und sich viele Freiheiten herausnahm, beugte Rola sich – wie ihre Mutter. Wie sollte sie auch nicht, ihr Vater behandelte sie doch wie eine Prinzessin. Im Gegenzug erwartete er bedingungslosen Gehorsam. Als sie sich später als erwachsene Frau verweigerte, schoss er mehrmals auf sie. Rola überlebte, doch hatte sie nach der Bluttat monatelang Alpträume. Ihr Vater hatte sie beim Training schwer verletzt, gleichzeitig half er ihr nach der Tat, ihren Handschuh auszuziehen. Er war ihr Manager, hatte sie zum Boxen und bis zur Weltmeisterschaft gebracht. »Doch irgendwo auf diesem Weg«, so Rola, »ist etwas schiefgelaufen.« Noch im Krankenbett war ihr klar, dass sie weiter boxen würde.

»Der Kampf wird nicht mit dem Bizeps gewonnen, sondern mit dem Kopf.«

Rola El-Halabi

Natürlich hat die Katastrophe eine Vorgeschichte. Rola hatte sich lange den Wünschen des Vaters unterworfen, beide waren fast täglich zusammen. Die Schwestern wussten, einen Freund dürfen sie auf keinen Fall anschleppen, niemand würde in den Augen des Vaters genügen. Rola hatte mit 25 Jahren als Profi-Boxerin schon zwei Weltmeistertitel im Superleichtgewicht erkämpft. In dieser Zeit hatte sie den Griechen Kosta kennengelernt. Der Vater war außer sich, er fühlte sich hintergangen. Anfang 2011 entzog ihm Rola die Vollmacht als Manager. Die Familie hatte Bedenken, wie er wohl reagieren würde. Trotz mehrerer Drohungen (»Glaubst du wirklich, du kommst heil in den Ring?«), nahm er es scheinbar gelassen hin, dass seine Tochter nun ohne ihn durchs Leben ging und in den Ring stieg. Und dann wehrte er sich doch gegen seine Niederlage.

Das Boxen hat Rola zu Selbstbewusstsein und Eigenständigkeit verholfen. Der Anschlag ist dennoch ein Wendepunkt. Rückblickend stellt Rola fest: »Seit dem Attentat bin ich ein anderer Mensch geworden: Meine Grenzen sind jetzt viel weiter gesteckt als zuvor. Ich bin psychisch stabiler als zuvor. Das ist im Kampf entscheidend.« Rola und Kosta sind inzwischen ein Paar und glückliche Eltern. El-Halabi ist heute ›Weltmeisterin im Ruhestand‹ der Verbände WIBA, WBF und UBF, sie will weiter boxen. »Man muss sich für einen Weg entscheiden und ihn gehen.«

Robyn Davidson (*1950)

Die Wüstenfrau

iennale di Venezia 2013
70
MOSTRA INTERNAZIONALE
D'ARTE CINEMATOGRAFICA
la Biennale di Venezia 2013

Grenzerfahrungen wie extreme Naturerlebnisse unter Wasser oder in der Luft, bei Frost oder Hitze, in Dunkelheit oder gleißendem Licht helfen dabei zu erkennen, worauf es ankommt und wo es hingehen könnte. Extreme geologische Formationen wie Berge und Wüsten werfen uns auf uns selbst zurück und lassen uns unsere Kräfte, aber auch unsere Grenzen spüren, seelisch wie körperlich. Robyn Davidson will sich ausprobieren. 1975 steht ihr Entschluss fest, als Nomadin durch die Wüste zu ziehen – auf den Spuren ihres Vaters, der 1934 die Kalahariwüste durchquert hatte.

Die Australierin Robyn Davidson, geboren am 6. September 1950 auf einer Viehfarm im Bundesstaat Queensland, aufgewachsen mit einer älteren Schwester, ist elf Jahre alt, als ihre Mutter den Freitod wählt. Dieses Erlebnis wird das Leben des Mädchens nachhaltig beeinflussen. Erzogen wird Robyn daraufhin von einer Tante. In Brisbane besucht sie das Mädcheninternat Saint Margaret's. Sie ist eine gute Schülerin und erhält zum Abschluss 1966 gleich zwei Stipendien – eins für das Konservatorium der Stadt. Keines davon nimmt sie in Anspruch. Stattdessen übt sie sich bis ins Jahr 1972 in etlichen Gelegenheitsjobs und beginnt mehrere Studiengänge: Zoologie, Philosophie und Japanisch an der Queensland Universität sowie Klavier am Konservatorium in Sydney. Erwartungsfroh geht sie diese Studien an, bricht sie jedoch enttäuscht und unbefriedigt ab. Sie hat anderes vor im Leben, weiß aber noch nicht was. In Brisbane lebt sie zeitweise in einer Wohngemeinschaft, deren Mitglieder einem radikalen Naturschutz anhängen.

»Dieses Jahrhundert hat die größten Bevölkerungsumwälzungen in der Geschichte der Menschheit gesehen. Aber es ist auch Zeuge des Niedergangs des traditionellen Nomadentums geworden, einer Wirklichkeitserfahrung, die uns seit unseren Anfängen begleitet, unserer ältesten Seinserinnerung. Und dann gibt es die neuen Nomaden, die nicht mehr überall, sondern nirgends zu Hause sind. Zu ihnen gehöre ich.« Robyn Davidson

Szene aus dem Film »Spuren«/»Tracks« (Australien 2013) mit Mia Wasikowska in der Hauptrolle

Später in Sydney führt sie das Leben einer Boheme. Sie verzichtet auf üppiges Essen, lebt karg, antibourgeois und selbstbestimmt. Aber vor allem geht es ihr darum, der Zivilisation zu entfliehen, was in einem Land wie Australien aus europäischer Sicht bemerkenswert scheint, da der fünfte Kontinent doch noch immer sehr viel mehr Wildheit und Raum zur Entfaltung bietet. Sie will sich ausprobieren und erfahren, wie das Leben noch sein könnte.

Nicht viele wissen, dass es auch in Australien Kamele gibt; genauer Dromedare – mit nur einem Höcker. Sie wurden ab den 1840er Jahren als Lasttiere von frühen Siedlern aus Indien ins Land geholt. Die australischen Kamele bilden die weltweit einzige frei lebende Population. Fernab der Zivilisation gibt es auf der *terra australis* große Wüstengebiete; sie machen drei Viertel der Landfläche aus und heißen Outbacks. Bewohnt werden diese trockenen Ebenen größtenteils

Szene aus dem Film »Spuren«/»Tracks« (Australien 2013)

von den Aborigines, die hier seit mindestens 40.000 Jahren umherziehen. In Australien leben im Durchschnitt drei Menschen auf einem Quadratkilometer, und da 80 Prozent der 23 Millionen Einwohner in den großen Küstenstädten leben, sind die Outbacks ziemlich menschenleer.

Zunächst hatte sich Davidson am Tor zum Outback in Alice Springs niedergelassen, um als Pflegerin und Trainerin von Kamelen ausgebildet zu werden. Danach arbeitete sie eine Weile in einem übel beleumundeten Pub, als einzige Frau weit und breit. Davidson wird begrapscht und beleidigt – sie nennt es den »australischen Kult der Misogynie«. Nachdem sie diese Unbill überstanden hatte, kehrte sie zu ihrem ersten Job zurück. Kurt, ein eigenbrötlerischer Österreicher, ist ein guter Ausbilder, allerdings cholerisch, brutal, äußerst sparsam mit Lob und sehr fordernd. Er traut ihr jedoch wie einem Mann einfach alles zu; sie lernt viel. Robyn liebt die Kamele, diese eigentümlichen Tiere: »Sie sind hochmütig, als wären sie Gottes auserwählte

Rasse. Ihr aristokratisches Gebaren überdeckt ein empfindsames Herz. Sie sind sehr sensibel und schreckhaft, aber auch neugierig wie Welpen. Ich war begeistert.«

Bei vielen in diesem Buch porträtierten Frauen lässt sich das Phänomen beobachten, dass sie Tiere, Maschinen oder ihren eigenen Körper beherrschen wollen. Vielleicht um es den Männern gleichzutun oder auch wegen der Erfahrung, ein Tier zu führen. Von einem Kamelflüsterer, dem Afghanen Sallay, lernt sie, was es noch braucht, um mit den Wiederkäuern klar zu kommen. Er gibt ihr einen Rat auf den Weg: »Beschütze immer zuerst deine Kamele. Und wenn du auf einen wilden Hengst triffst: töte ihn, bevor er dich tötet.«

»Wenn man sich einmal entschieden hat, kann man alles erreichen. Und die Belohnung liegt im Weg zum Ziel.«
Robyn Davidson

Davidson war im Internat zu einem typischen Mädchen erzogen worden: »nett, nachgiebig und unterwürfig«. Die Ausbildung, die sie in Alice Springs genossen hatte, und der Umgang mit den Kamelen hatten aus ihr eine Frau gemacht, die stets auf der Hut war und zur Selbstverteidigung jederzeit bereit. Sie selbst beschreibt sich als »eher abweisend, misstrauisch«. Eine harte, aber gute Schule, die sie auf ihre Reise durch die Wüste und zu sich selbst bestens vorbereitet hatte. »Die Reise war nicht als Abenteuer oder Beweis für irgendetwas gedacht. Das Schwierigste war die Entscheidung, es zu tun. Wenn man sich einmal entschieden hat, kann man alles erreichen. Und die Belohnung liegt im Weg zum Ziel, im Prozess. Was immer dich zurückhält, lass nicht die Angst dein Leben bestimmen.«

In der zweijährigen Vorbereitungszeit auf ihre große Tour hatte sie zwar gelernt, wie man mit Kamelen umgeht und sich in der Landrechtsbewegung der Aborigines engagiert, doch was ihr fehlte, war Geld. Rick Smolan, ein junger Fotograf des *National Geographic*, riet ihr, das Magazin um die Finanzierung anzugehen. Das klappte auf Anhieb, hatte jedoch aus Davidsons Sicht einen Haken – wenigstens fünfmal würde sie der Fotoreporter aufsuchen.

Mit den vier Kamelen Dookie, Bub, Zeleika und Goliath sowie der Hündin Diggity zieht Davidson im April 1977 schließlich los. Die kleine Karawane legt unter schwierigen Bedingungen – bei sengender Sonne kann das Thermometer in Teilen dieser Gegend schon mal 60 Grad

Szene aus dem Film »Spuren«/»Tracks« (Australien 2013)

Celsius erreichen, nachts friert es – in neun Monaten etwa 2.700 Kilometer zurück. Auf ihrem Weg kommt sie nicht selten durch Regionen, die für die Ureinwohner heiliges Land und insbesondere für Frauen tabu sind. Sie erschießt auf ihrem Trip wilde Kamelhengste sowie ihren geliebten Hund – er hatte sich an einem ausgelegten Köder vergiftet. Sie erleidet Durst und Einsamkeit und verliert beinah den Verstand; manchmal ist sie ganze Tage nackt unterwegs, die Sonne verbrennt ihre Haut. Der Sand ist zuweilen so heiß, dass sogar die Tiere »Schuhe« in Form von Bandagen brauchen. Mal sind am Morgen die Kamele verschwunden, die sie dann wieder einfangen muss, oder ihr Kompass ist verloren gegangen; beides kommt einem Todesurteil gleich. Sie bleibt jedoch nicht die ganze Zeit allein. Mal behelligen sie

Reporter und Touristen und schließlich ist da noch der Fotograf Smolan, den sie anfangs verabscheut, doch bald respektiert. Und eine große Ehre wird ihr zuteil: ein großer Weiser des Stammes der Aborigines, Eddie, bleibt einen Teil des Weges an ihrer Seite. Als die Truppe schließlich am Indischen Ozean ankommt, ist die Camel Lady eine berühmte Frau. Ihre Reise zu sich selbst wird Titelgeschichte eines Wissenschaftsmagazins, ihr Buch *Tracks* (dt.: *Spuren. Eine Reise durch Australien*) ein Bestseller, der 2013 verfilmt wird.

»Gewöhnlich ritt ich einen jungen Bullen, Dookie, wir waren ein Team. Ein unbeschreibliches Hochgefühl.« Robyn Davidson

Anne Bonny (um 1690 – unbekannt) und Mary Read (1685 – 1721)

Uns gehört das Meer

Geena Davis als Piratenbraut im Film »Cutthroat Island« (US/FR/IT/GER 1995)

Blumen und Frauen an Bord bringen Unglück. So lautet ein alter Seemannsspruch. Frauen, die zur See fahren wollten, mussten sich also einstmals als Männer verkleiden. Das taten einige von ihnen – Unglück brachten sie gleichwohl. Hätte man sie auf den Schiffen selbstverständlich willkommen geheißen, so wären sie vielleicht nicht ganz so wildwütig mit Säbeln und Pistolen aufgetreten, wer weiß. Piratinnen jedenfalls widerlegten schon vor Jahrhunderten die verbreitete Vorstellung von der weiblichen Neigung, lieber zu flüchten als stand zu halten und lieber um Gnade zu bitten als zuzuhauen. Dafür stehen zu Beginn der Neuzeit zwei Frauen aus der Alten Welt, die sich zu Schiff in die Neue Welt aufgemacht hatten und dort als Seeräuberinnen Furcht und Schrecken verbreiteten.

Sie kämpfen wie die Teufel, und wer sie herausfordert, hat nichts zu lachen.

Irgendwann in der letzten Dekade des 17. Jahrhunderts wurde in Irland ein Mädchen geboren, das man Anne taufte. Die Mutter war eine einfache Magd, der Vater, William Cormac, deren Brotgeber und Dienstherr. Er betrieb eine gut gehende Anwaltspraxis. Anne wurde, um das Verhältnis ihrer Eltern zu vertuschen, in Hosen gesteckt und als ein Cousin ausgegeben, den die Magd in Pflege hätte. William aber war seiner Geliebten zugetan, und auch sein Töchterchen hatte er ins Herz geschlossen. Doch seine Ehefrau kam hinter das Verhältnis, sie posaunte die Untreue aus – mit dem Resultat, dass die Klienten vor diesem ehrlosen Advokaten das Weite suchten.

Viele abenteuerlustige Menschen, die zu jener Zeit in den Ruin getrieben worden waren, machten sich nach den Kolonien auf und schufen sich dort eine neue Existenz – so auch William Cormac. Er hieß Annes Mutter die Koffer packen und schiffte sich mit ihr und der Tochter nach South Carolina ein. Dort kaufte er Ländereien auf, legte Plantagen an und wurde ein reicher Mann.

Anne wächst heran, trägt Röcke und gilt in Charleston als eine begehrte Schönheit. Aber an den jungen Männern, die ihr den Hof machen, hat sie kein Interesse. Stattdessen treibt sie sich gerne in der Hafengegend rum und sieht sehnsüchtig den großen Segelschiffen hinterher. Um nicht ständig von den Blicken und den mehr oder weniger schönen Worten betrunkener Schauerleute belästigt zu werden, schlüpft sie in die vertrauten Hosen und schlägt sich schon mal mit den Kerlen. Sie soll sogar einen so sehr verletzt haben, dass er ins Krankenhaus musste. Aber ein anderer gefällt ihr dann doch: James Bonny, ein einfacher Matrose. Ihm entdeckt sie ihr wahres Geschlecht. Die Liebe ist groß, man heiratet auf dem Schiff. Als Annes Vater davon erfährt, verstößt und enterbt er die Tochter. Er hatte für sie einen würdigeren Gatten vorgesehen.

Mary Read

Anne und James segeln nach New Providence, das heutige Nassau auf den Bahamas. Mrs. Bonny ist nun endlich da, wo sie immer hingewollt hatte: auf See. Um die Besatzung nicht allzu sehr zu irritieren, trägt sie weiterhin Männerkleider. Einer der Matrosen, der Anne unauffällig beim Auskleiden beobachtet hat, beschwert sich unter Verweis auf den alten Seemannsspruch über ihre Gegenwart, woraufhin ihn die erzürnte Bonny mit einem Messerstich tötet. In Nassau heuern sie und James auf einem Piratenschiff an. Der Steuermann war Calico Jack Rackham, jener Seemann, der das Logo der Piraten, den Totenkopf mit den gekreuzten Knochen, erfunden haben soll. Aber da all die Geschichten rund um Anne Bonny und ihre freibeuterischen

Anne Bonny

Freunde aus lauter Seemannsgarn gesponnen sind, sprich: aus ungesicherten Quellen stammen, können wir ebenso gut annehmen, dass es Anne war, die auf die Idee mit dem Totenkopf-Logo gekommen ist. Mit Rackham, von dem man sich erzählte, dass er Männer liebte, versteht sie sich gut. Gemeinsam kapern sie so manches Handelsschiff, wobei sich Anne als Kämpferin mit dem Messer und dem Schießeisen hervortut. Ihr Mann hingegen entpuppt sich als Feigling und sie verlässt ihn. Auf Kuba soll sie ein Kind zur Welt gebracht haben, das sie auf der Insel zurückließ.

Als Jack und Anne einmal wieder in New Providence ihre Ladung löschen, heuert ein junger Bootsmann an: Marc Read. Er gefällt Anne sofort, obschon er ein wenig schmächtig wirkt. Er ist der stille Typ, ein Einzelgänger, und es gelingt Anne lange nicht, mit ihm ins Gespräch zu kommen. Irgendwann ergibt es sich, dass beide an der Reling stehen und einander anschauen. Und Anne wird ganz plötzlich klar: Marc ist wie sie eine Frau. Und die hieß in Wahrheit Mary. Die beiden Piratinnen hätten nun erbitterte Konkurrentinnen werden können. Stattdessen wurden sie ein Liebespaar.

Mary stammte aus London. Sie war dort etwa 1685 zur Welt gekommen. Ihre Mutter hatte ihren Ehemann, einen Matrosen, schon über zwei Jahre nicht gesehen, für sie war er verschollen. Um die Ehelichkeit ihres Kindes zu beweisen bzw. vorzutäuschen und später vielleicht mal eine Erbschaft zu machen, gab sie ihre Tochter für den erstgeborenen Sohn Marc aus, der verstorben war, wovon die Schwiegereltern

jedoch nichts wussten. Mary erhielt also den Namen Marc und wuchs als Junge auf. Als die Großmutter starb, war die Enttäuschung groß. Die Camouflage war umsonst gewesen, Marc/Mary erbte nichts. Aber das Kind war nun an Hosen gewöhnt und hatte gelernt zu raufen und zu toben. So nimmt es nicht Wunder, dass die erwachsene Mary ihre erste Stellung bei einer französischen Dame bald wieder aufgibt, um sich als Jüngling verkleidet in Flandern den Soldaten anzuschließen. Sie erwirbt sich dort aufgrund ihrer Tapferkeit einen guten Ruf und wird ins Reiterregiment befördert. Dort verliebt sie sich in einen Corporal. Sie gibt sich ihm zu erkennen. Die beiden heiraten und eröffnen in Holland die Gastwirtschaft ›Zu den drei Hufeisen‹. Dort hätte wohl Mary, jetzt wieder in Röcken unterwegs, ihre Tage zufrieden beschlossen, wenn ihr der Ehemann nicht weggestorben wäre.

Die Motive, Piratin oder Seefrau zu werden, waren so unterschiedlich wie die Epochen und Kulturen.

Nun aber überlegt sie nicht lange, schlüpft wieder in ihre Hosen und heuert auf einem Handelsschiff an. Das fällt nahe der Neuen Welt Seeräubern in die Hände, Marc Read findet Gefallen an dem wilden Haufen und macht bei ihm mit. In New Providence wechselt er auf das Schiff von Calico Jack Rackham, an dessen Seite der junge Bonny ficht. Marc fühlt sich zu diesem Maat hingezogen, will sich aber nicht aufdrängen. Er hält sich zurück, bis eines Abends er und Bonny sich an der Reling treffen und einander in die Augen schauen …

Ob sie nun Heldinnen waren oder nicht, sie wagten ein Leben gegen den Strom.

Gemeinsam erleben Anne und Mary tolle Abenteuer auf See. Nie fackeln sie lange, wenn es um den Kampf mit der Waffe geht, und widerlegen aufs Trefflichste das Vorurteil, einer Frau fehle die Kraft, zuzuschlagen.

Ihr Schiff, die ›Revenge‹ (in manchen Quellen heißt das Schiff auch ›Dragon‹), war bald verrufen. Und da die Piraten es zu jener Zeit in den Gewässern der Karibik immer bunter trieben, organisierten Marine und Handelsschifffahrt verstärkt Jagd auf sie.

Es war im Jahre 1720, dass die ›Revenge‹ (oder die ›Dragon‹) vor Jamaika angegriffen wurde. Die trunkene Besatzung schnarchte unter Deck. Nur Bonny und Read waren wach und zur Verteidigung bereit. Aber der Übermacht waren sie nicht gewachsen. Beide Piratinnen, deren Tarnung jetzt aufflog, wurden gefangen genommen – wie auch die gesamte Besatzung. Die Männer wurden zum Tode durch den Strang verurteilt. Vor seinem Ende durfte Rackham die einsitzenden Frauen noch einmal besuchen. Anne tat es leid, ihn so zu sehen. »Hättest du gekämpft wie ein Mann, Jack, müsstest du jetzt nicht hängen wie ein Hund.« Auch den Frauen wurde der Prozess gemacht. Mary Read und Anne Bonny wurden wegen Seeräuberei, Diebstahl und Verbrechen angeklagt und für schuldig befunden. Das Urteil lautete: Tod durch Erhängen. Als man sie fragte, ob sie etwas gegen diese Todesstrafe vorzubringen hätten, erhob sich Anne und antwortete: »Mylord, wir berufen uns auf unsere Bäuche.« Sie wollte damit andeuten, dass sie beide schwanger seien. Ob das stimmte, ist nie herausgefunden worden. Der Einspruch aber genügte, um die Vollstreckung, wie das Gesetz es wollte, aufzuschieben. Beide Seeräuberinnen sollten dann nach der Entbindung gehängt werden.

Mary Read starb noch im selben Jahr an einem Fieber. Was aus Anne Bonny geworden ist, weiß man nicht. Es gibt nur Vermutungen: Sie sei aus dem Gefängnis geflohen, nach Charleston zurückgekehrt und habe dort geheiratet. Dann hieß es wieder, sie sei in ein Kloster eingetreten. Nur eins ist sicher: Es gibt keinen Eintrag am zuständigen Gericht, dass ihre Exekution erfolgt war.

Mary Read und Anne Bonny

Eleonore Prochaska (1785 – 1813) und Anna Lühring (1796 – 1866)

Mit der Waffe in der Hand

Die Französin Christine de Meyrac
in Männerkleidung als Musketier

Nachdem der Franzosenkaiser Napoleon fast ganz Europa unterworfen hatte, regte sich allenthalben patriotischer Widerstand. Während der so genannten Befreiungskriege fochten in deutschen Landen etliche Fürstentümer, schließlich auch die Königreiche Preußen, Sachsen und Bayern an Seiten der Alliierten – England, Spanien, Russland, Österreich – gegen Frankreich. In jenen kriegerischen Zeiten entstand, ohne dass es ein vereintes Deutschland schon gegeben hätte, das deutsche Nationalgefühl. Es ergriff etwa in Preußen fast die gesamte Bevölkerung, auch die Frauen. Man fühlte deutsch und wünschte die gallischen Besatzer zum Teufel.

Die Französin Geneviève Prémoy (1660–1706) als ›Chevalier Balthazar‹, von Ludwig XIV. geehrt.

Was für eine siegreiche Schlacht außer Strategie und Taktik nötig war, hatte Napoleon zu Hause vorgemacht: Er hatte die Franzosen mobilisiert, nicht nur als Waffenträger, sondern ebenso als Menschen, die für ihr Vaterland Opfer bringen wollten. Die reguläre Armee genügte nicht, das ganze Land musste in den Kampfmodus versetzt werden. Während der Befreiungskriege versuchten die Könige in den eroberten Ländern, ihre Bevölkerungen in einer ähnlichen Weise in Rage zu versetzen. Überall wurde zur Bildung von Freischaren aufgerufen, wurden die letzten Reserven ausgeschöpft, um die Kampfkraft zu erhöhen. Bei den Freikorps war man froh über jeden, der hinzustieß. Das war eine Chance für all jene Frauen, deren Heimatliebe es ihnen nahelegte, wie ein Mann –

Eleonore Prochaska

und als Mann! – an die Front zu ziehen. Eine Waffe mussten die Freiwilligen meist selber mitbringen, die Ausbildung war kurz, die Stimmung patriotisch, der Blutzoll hoch. Aber für die Freiheit und die Heimat war kein Opfer zu groß.

Es kam nicht oft vor, dass Frauen dabei sein wollten, wenn Schüsse knallten und Pferde durchgingen und man im Pulverdampf nichts mehr sehen konnte, aber dass es vorkam, ist verbürgt durch jene Soldatinnen, die trotz männlicher Uniform und forschen Auftretens schließlich enttarnt und von der Nachwelt ungeachtet ihres üblen Benehmens verehrt wurden. Sie waren alle – ohne Ausnahme – sehr mutig; nicht nur, weil sie ihr Leben riskierten, sondern auch, weil sie durch die Annahme einer männlichen Identität einen Schritt wagten, der seinerzeit unbe-

»Seine Sprache war nicht besonders fein, sodass niemand in ihm ein Mädchen vermuten konnte.«

Leutnant Otto Preusse über den Jäger Renz

dingt verpönt war. Ebenso wenig wie ein Mann sich im weiblichen Habit auf der Straße zeigen durfte, war es einer Frau erlaubt, sich in Hosen öffentlich zu präsentieren, und wenn sie es trotzdem tat, musste sie mit Schwierigkeiten rechnen bis zur polizeilichen Überwachung. Dass Männer und Frauen in verschiedenen Welten zu Hause waren, sollte sich auch durch ihre Kleidung verdeutlichen, und wer diese Regel brach, stand unter Verdacht, der göttlichen Schöpfungsordnung spotten zu wollen. Trotzdem hat es immer wieder Frauen gegeben, die bereit waren, mit der Waffe in der Hand zu kämpfen und sich für diesen Zweck als Männer verkleideten.

Eleonore Prochaska war die Tochter eines Unteroffiziers bei der preußischen Armee, sie kam im Jahre 1785 in Potsdam zur Welt. Als der Vater 1793 gegen Napoleon ins Feld ziehen musste – die Mutter war verstorben –, kam Eleonore mit drei Geschwistern in ein Militärwaisenhaus. Nach dem Feldzug nahm der Vater seine Kinder wieder zu sich. Eleonore ging als junge Frau in Stellung, lernte kochen und hörte wahrscheinlich aufmerksam zu, wenn ihre Arbeitgeber über die Weltlage sprachen. Es gab in jenen Jahren kaum ein anderes Gesprächsthema als Napoleon und seine Schlachten, von denen der Vater ausführlich berichtet hatte.

Das leidenschaftliche Bedürfnis, einen Feind zu schlagen und einen Besatzer zu vertreiben, konnte auch in den Herzen der Frauen verankert sein.

Irgendwann hielt Eleonore es nicht mehr aus. Die Vatertochter fühlte in sich genügend Kraft und Tapferkeit, um sich selbst gegen den Unterdrücker zu erheben. 1813 meldet sie sich unter dem Namen August Renz beim Ersten Jägerbataillon des Lützow'schen Freikorps. Bei der Truppe ist sie beliebt, denn sie kann gut schießen und fluchen – wie ein Kerl eben. Außerdem stellt sie gleich ihre Kochkunst unter Beweis, woraufhin ihr die Herzen zufliegen. Im September 1813 wird Eleonores Bataillon in der Schlacht an der Göhrde eingesetzt. Der Soldat August Renz erleidet eine schwere Verwundung, als er versucht, einen angeschossenen Kameraden hinter die Feuerlinie zu ziehen. Im Lazarett erkennt man das wirkliche Geschlecht von August Renz. Nach drei Tagen erliegt Prochaska ihren Verletzungen. Sie wird in Dannenberg beigesetzt. In einer Zeitungsmeldung vom 7. Oktober 1813 heißt es: »Heute Morgen um neun Uhr wurde die Leiche der in

Anna Lühring

der Schlacht bei Göhrde verwundeten Eleonore Prochaska zur Erde bestattet, welche als Jäger im Lützow'schen Korps unerkannt ihren Arm aus reinem Patriotismus der heiligen Sache des Vaterlandes geweiht hatte.«

Allerlei Legenden rankten sich um das kriegerische Mädchen, dem man in ganz Preußen Verehrung und Bewunderung zollte.

Auch Anna Lühring, geboren 1796 in Bremen als Tochter eines Zimmermanns, hörte von Prochaska und nahm sie sich zum Vorbild. Anna war erst 17 Jahre alt, als sie sich entschloss, ihrerseits in den Kriegsdienst einzutreten.

Sie zieht die Hosen und das Wams ihres Bruders an, schleicht sich aus dem Haus und erreicht über Münster die Stadt Jülich.
Dort meldet sie sich im Februar 1814 bei den Lützow'schen Jägern unter dem Namen Eduard Kruse. Nach kurzer Ausbildung an der Waffe – ein Gewehr hat sie dabei – kämpft der Jäger Kruse tapfer vor Jülich und bei weiteren Gefechten gegen die napoleonischen Besatzer. Wie einst Prochaska gelingt es auch Lühring, das Geheimnis um ihr Geschlecht zu wahren.

Die Verkleidung und das Auftreten der Frauen war so perfekt, dass ihr weibliches Geschlecht oft erst bei der Leichenschau entdeckt wurde.

Dass es dann doch gelüftet wird, ist dem Vater zuzuschreiben. Er wusste nichts von den patriotischen Gefühlen seiner Tochter und hielt sie für eine Soldatenhure. Er lässt sie aufspüren und schreibt voll Zorn an den Kommandanten des 3. Bataillons der 5. Kompanie, man solle seine Tochter nach Hause schicken.

Bass erstaunt bestellt dieser Offizier nun den vermeintlichen Jäger Kruse zu sich ein, und Anna bleibt nichts übrig, als die Wahrheit zu sagen. Ihr Vorgesetzter, der sie als guten Soldaten kennt, entscheidet auf ihre Bitte hin, dass sie im Freikorps verbleiben kann – für die Kameraden weiterhin als Eduard Kruse. Und er instruiert seinen Feldwebel entsprechend. »Ich ordne an, den Jäger Kruse entweder allein in das Quartier zu legen oder zusammen mit den ehrenhaftesten Männern der Truppe.«

So zieht Anna weiter bis fast nach Paris, wo die Truppe Meldung vom Friedensschluss erhält. Zurück geht's nach Berlin; hier wird das Freikorps in Ehren verabschiedet. Anna, die ihre männliche Identität nun aufgibt, wird bewundert und gefeiert und soll sogar von Generalfeldmarschall Blücher empfangen worden sein. Heim nach Bremen kann sie vorerst nicht, weil ihr Vater sich weigert, sie aufzunehmen.

Erst als ein preußischer Hofrat für sie Fürsprache erhebt, kann der alte Lühring umgestimmt werden. Im Februar 1815 kehrt Anna in ihre Heimatstadt zurück. Sie legt die schwarze Uniform der Lützow'schen Jäger an und zeigt sich so den Bremer Bürgern, die ihr stürmischen Beifall zollen.

Der Ruhm der Anna Lühring währte indes nicht lange. Es ging ihr wie den anderen Mädchen in Hosen, die an Kriegszügen teilgenommen hatten, von Jeanne d'Arc bis Eleonore Prochaska: Man vergaß sie rasch. Die Bedrohung des herrschenden Frauenbildes, die sie heraufbeschworen, machte sie zu schwierigen Heldinnen.

Anna heiratete den Kellner Peter Lucks, zog mit ihm nach Hamburg, verarmte nach seinem Tod und hielt sich mit Näharbeiten über Wasser. Erst spät erhielt sie, auf Betreiben ehemaliger Lützower, von der Stadt Bremen eine Pension. Mit siebzig Jahren starb sie. Auf ihrem Grabstein steht: »Hier ruht Anna Lucks, geborene Lühring. Sie diente als Lützower Jäger und kämpfte im Freiheitskriege 1814. Sie erwarb sich die Achtung ihrer Vorgesetzten und Kameraden.«

Emily Davison (1872 – 1913)

Taten statt Worte

»**Als geschichtlicher Moment** war dieses Ereignis enorm bedeutsam. In ihm explodierte sozusagen die Verzweiflung der englischen Frauen, die endlich das Wahlrecht wollten.« So äußerte sich die Journalistin Clare Balding, als sie 2013 im englischen Fernsehen eine besondere Entdeckung präsentierte. Das Ereignis, um das es in der Sendung ging, lag damals genau hundert Jahre zurück; es hatte am 4. Juni 1913 in Epsom stattgefunden. Emily Davison, eine militante Streiterin für das Frauenwahlrecht, hatte sich während eines Rennens vor das Pferd des Königs geworfen und war bald darauf an ihren schweren Verletzungen gestorben. Niemand im Vereinten Königreich hat diesen Tag je vergessen. Die Suffragetten, die britischen Kämpferinnen für das Frauenwahlrecht, erhoben Emily Davison zur Märtyrerin. Der König und die Majorität der englischen Öffentlichkeit verdammten sie als Abenteurerin, die ihr Leben weggeworfen habe. Aber was war wirklich geschehen? Man wusste es lange Zeit nicht. Und hundert Jahre später hat sich Clare Balding daran gemacht, die Zusammenhänge aufzuklären. Das Rennen wurde seinerzeit von mehreren Kameras aufgezeichnet. Zwar waren diese Geräte technisch den heutigen unterlegen. Aber man konnte die Filme inzwischen digitalisieren und viel von dem rekonstruieren, was passiert war. »Es war ein außergewöhnliches Abenteuer«, so Clare Balding, »mehr über Emily herauszufinden, über das, wofür sie stand und was sie und die Suffragetten-Bewegung antrieb.«

> Sie betrieben ihren Protest nicht nur mit Worten, sondern auch mit ihrem Körper.

Lange hatte man geglaubt, Davison habe sich aus Enttäuschung über das noch nicht gewährte Frauenwahlrecht das Leben nehmen wollen und ihren Selbstmord während eines Derbys besonders effektvoll in Szene gesetzt. Aber wie die Analyse der Filmaufnahmen beweist, war es ganz anders. Davison wollte eine Fahne, die dann auch neben ihr gefunden wurde, am Zügel von King Georges Pferd befestigen, um so auf die Ziele der protestierenden Frauen hinzuweisen; sie hatte nicht damit gerechnet, dass Anmer – so hieß das Pferd – scheuen und zu Boden stürzen würde.

Immer schon war Emily Davison, 1872 in London als Tochter eines Kaufmanns geboren, ein Mensch von außergewöhnlicher Courage. Zu einer Zeit, die Frauen nur ausnahmsweise an den Universitäten zuließ, machte sie einen glänzenden Abschluss in Literatur und Naturwissenschaften – allerdings ohne mit dem entsprechenden akademischen Grad ausgezeichnet zu werden. Das war damals überall so. Doktorin oder Professorin durften sich Frauen nach den entsprechenden Examina nicht nennen, auch erhielten sie keine Lizenz zur Ausübung eines Berufes. Frauen mit einem Abschluss in Jura konnten nicht als Anwältinnen arbeiten, Medizinerinnen sich nicht als Ärztinnen niederlassen, ganz zu schweigen von Theologinnen, denen auch protestantische Gemeinden die Kanzel verwehrten. Diese Ungerechtigkeit erboste Emily zutiefst. Und dann kam die Sache mit dem Wahlrecht hinzu.

»Wenn es für Männer richtig ist, für ihre Freiheit zu kämpfen, ist es auch für Frauen richtig, für ihre Freiheit und die ihrer Kinder zu kämpfen. Dies ist das Glaubensbekenntnis der militanten Frauen Englands.« Emmeline Pankhurst

Gegen Ende des 19. Jahrhunderts wurde es den Frauen in sämtlichen europäischen Ländern verwehrt. Und der Widerstand der modernen Frauen gegen diese Form der politischen Entmündigung wuchs. Vor allem in England machten militante Emanzen von sich reden. Sie treffen sich zu verbotenen Versammlungen und Demonstrationen und nehmen polizeiliche Spitzelei und Verhaftungen in Kauf. Sie lassen sich verprügeln und in Gefängnisse sperren und machen dort per Hungerstreik auf ihr Anliegen aufmerksam. Sie lauern konservativen Gegnern auf, bewerfen sie mit Stinkbomben und rennen um die nächste Ecke davon. Begonnen hatte der Kampf der Suffragetten allerdings betont friedfertig.

Seit 1890 leitete Millicent Fawcett die National Union of Women's Suffrage Societies, kurz NUWSS. Die Bewegung, die diesen Dachverband stützte, war groß und einflussreich, auch Arbeiterinnen zählten dazu. Bei Unterschriftensammlungen für das Wahlrecht der Frauen kamen sehr lange Listen zustande. Den Herren im Parlament wurde es allmählich mulmig. Aber sie nahmen den Wunsch des weiblichen Teils der Bevölkerung, politisch mitzubestimmen, immer noch nicht ernst. Fawcett und ihre Mitstreiterinnen wussten, dass der Wind der Zeit in ihre Richtung wehte, und sie bevorzugten deshalb bei ihrer Agitation streng legale Methoden. »Wir wollen uns der Bürgerrechte würdig zeigen, ob man unsere Forderung anerkennt oder nicht.« So beschränkten sich die ersten Suffragetten auf die Organisation von Versammlungen, auf Vorträge, Zeitungsartikel und friedliche Umzüge, und sie überzeugten auch die Frauen auf dem Kontinent mit diesem Konzept.

Aber der Erfolg ließ auf sich warten. Die Männer im Parlament verschoben die Beratung der von den Frauen eingebrachten Anträge ein ums andere Mal, und der Premierminister riet zur »Tugend der Geduld«. Doch die war nicht jederfrau Sache. Emmeline Pankhurst gründete 1903 in Manchester die Women's Social and Politcal Union (WSPU). Anfangs agierte auch diese Organisation betont friedfertig, aber die Hinhaltetaktik von Parlament und Regierung radikalisierte die Frauen, und Pankhurst ermutigte daraufhin die Mitglieder der WSPU ausdrücklich zum Regelverstoß. Sie war es, die den Stein, der eine Scheibe splittern lässt, als »Argument« bezeichnete. Emily Davison, deren Motto lautete: »Deeds, not Words / Taten, nicht Worte«, trat dieser Union begeistert bei. Sie hielt geheime Zusammenkünfte ab und ermunterte ihre Mitstreiterinnen zu Aktionen, von denen sie wusste, dass die Zeitungen darüber berichten würden. Manch missliebiger Antifeminist findet jetzt schon mal eine tote Katze in seinem Briefkasten, Feuer bricht in Kirchen aus und es kommt auch schon mal zu Bombenanschlägen. Dabei sind nicht nur die Suffragetten militant. Auch ihre Widersacher treten bei Versammlungen mit Steinen in den Taschen auf, es fliegen faule Eier und Tomaten. Die Frauen von der gemäßigten NUWSS sind schockiert, sie distanzieren sich nachdrücklich von jeglicher Gewalt. Aber im Königreich und auch auf dem Festland sind es die spektakulären Demos der kämpferischen Suffragetten, die auf gesteigertes Interesse stoßen, während die gemäßigten Frauenrechtlerinnen inzwischen kaum noch wahrgenommen werden.

»Frauen sind erst dann erfolgreich, wenn niemand mehr überrascht ist, dass sie erfolgreich sind.«
Emmeline Pankhurst

VOTES FOR WOMEN
The Greatest Number of
FREE TICKETS
EVER ISSUED FOR A PUBLIC MEE
YOU MARCH FROM
VICTORIA EMBANKM
ASSEMBLE 12.30

Die demonstrierenden Suffragetten werden von der Polizei mit äußerster Härte verfolgt. Sie werden niedergeritten, zusammengeknüppelt und in großer Zahl zu Gefängnis verurteilt. Emily Davison wird allein acht Mal verhaftet. Im Knast erregt sie neben Emmeline Pankhurst und all den anderen Militanten der WSPU zusätzliches Aufsehen durch Hunger- und Durststreiks – mit darauf folgender Zwangsernährung. Einmal wirft sich Emily im Rahmen einer Protestaktion die steile eiserne Treppe ihres Gefängnisses hinab und bricht sich dabei genug Knochen, um ein Fall für das Lazarett zu sein. Anlässlich einer Volkszählung schleicht sie sich ins Parlamentsgebäude, versteckt sich in einem Schrank und gibt, als sie bei der Zählung gefragt wird, wo sie wohne, korrekterweise an: »Im Unterhaus.«

Sie schont sich nie, geht nach dem Absitzen ihrer Strafen (wegen Widerstands gegen die Staatsgewalt, Erregung öffentlichen Ärgernisses, Sachbeschädigung usw.) sofort wieder auf die Straße, um der Öffentlichkeit mitzuteilen: Ich bin wieder da, wir sind wieder da, und wir geben nicht auf.

Über die Vorbereitung ihrer Aktion auf dem Derby von Epsom ist nichts Genaues bekannt. Dank der Bemühungen der Journalistin Clare Balding wissen wir heute, dass Emily nicht auf die Rennbahn lief, um

Die spektakulären Demos der kämpferischen Suffragetten hinterließen Spuren.

dort zu sterben. Das hätte auch nicht zu ihr gepasst, denn sie hatte für sich und ihre Bewegung auf Sieg gesetzt. Der Jockey übrigens wurde nur leicht verletzt, und auch Anmer hat sich erholt. Doch Emily erlangte das Bewusstsein nicht wieder, sie hatte einen Schädelbruch und schwere innere Verletzungen. So konnte sie nichts mehr sagen, um den Verdacht, sie habe aus ihrem Selbstmord eine Art Theatercoup machen wollen, aus der Welt zu räumen. Gleichwohl empfanden die folgenden Generationen, vor allem natürlich die sich emanzipierenden Frauen, sie als Opfer der Verhältnisse. Aber nicht nur – sie war auch eine Wegbereiterin. Der Labour-Abgeordnete Tony Benn hat im Jahre 1999 eine Plakette am Parlamentsgebäude anbringen lassen, die an Emily erinnert. »Zur Erinnerung an eine große Frau mit einem großen Anliegen, die nicht lange genug lebte, um den Erfolg ihres Kampfes zu sehen, die aber eine bedeutende Rolle dabei spielte, diesen Erfolg zu ermöglichen.«

Das Frauenwahlrecht wurde nach dem Ersten Weltkrieg in den meisten europäischen Ländern eingeführt, in England etappenweise: seit 1918 dürfen Staatsbürgerinnen ab dreißig Jahren wählen, seit 1928 alle mündigen Frauen.

Bildnachweis:

INTERFOTO / Granger, NYC: S. 33
INTERFOTO / Mary Evans: S. 117
INTERFOTO / NG Collection: S. 95, 96, 98
INTERFOTO / Science & Society / Manchester Daily Express: S. 44
picture alliance / ASSOCIATED PRESS: S. 79
picture alliance / CITYPRESS: S. 89, 91
picture alliance / dpa: S. 49, 51, 53, 63, 67, 69, 71, 85, 93
picture alliance / Foto Huebner: S. 74
picture alliance / picturedesk.com: S. 58
ullstein bild – AP: S. 47
ullstein bild – Constantin-Film: S. 101
ullstein bild – Granger, NYC: S. 13, 35
ullstein bild – Heritage Images / Fine Art Images: S. 25
ullstein bild – Heritage Images / Museum of London: S. 121
ullstein bild – Imagno / Austrian Archives (S): S. 11, 19, 54/55
ullstein bild – NMSI/Science Museum / National Aeronautics & Space Adm: S. 14
ullstein bild – Roger-Viollet: S. 29, 36
ullstein bild – Roger-Viollet / Albert Harlingue: S. 39
ullstein bild – Süddeutsche Zeitung Photo / Scherl: S. 22, 77
ullstein bild – TopFoto: S. 9, 26, 41, 45, 82/83
ullstein bild – ullstein bild: S. 16, 20, 61, 111, 113
Verlagsarchiv: S. 86, 103, 104, 105, 109, 110, 122
wikimedia commons: S. 107

1. Auflage 2015

Gestaltung und Satz: Lisa Neuhalfen
Umschlagfoto: © picture alliance / AP Photo
Druck und Bindung: Grafisches Centrum Cuno GmbH & Co. KG, Calbe
Gedruckt in Deutschland im Ultra HD Print® auf Papier aus nachhaltiger Forstwirtschaft
ISBN 978-3-86915-119-9
www.ebersbach-simon.de